図解 超早わかり
18歳成人と法律

南部義典 著

C&R研究所

はじめに

～『18歳成年社会』を迎えるにあたって～

2018年6月13日、18歳成年法（民法の一部を改正する法律）が成立し、翌週20日に公布されました（法律第59号）。公布から約3年9カ月後、2022年4月1日に施行されます。

140年ぶりの大改正

現行民法（明治29年4月27日法律第89号）の前身である「太政官布告」が成年年齢を満20歳と定めたのは、1876（明治9）年4月1日のことでした（布告第41号）。今回の成年年齢引き下げは「約140年ぶりの大改正」に当たると、メディアも大きく取り上げました。18歳成年法によって、民法第4条が規定する成年年齢が満20歳から満18歳に引き下げられることをはじめ、124本もの法律が定める年齢（引き下げの検討が保留になっている税制関連のものを除く。以下同じ。）が成年年齢の引き下げに自動的に連動し、「18歳基準」となります。同法はさらに、成年年齢に関連する22

本の法律（民法以外）に関して、必要な改正（20歳基準を維持する11本を含む。）を合わせて行っています。要するに、民法上の成年を含め実質的には１３６の法定年齢が18歳基準へと変わるわけです。

成年年齢は、①親の同意が無くても、単独で契約を行うことができる年齢、②親権に服さなくなる年齢、という二つの法的意義を有しています。これら二つの意義を踏まえ、国会審議では、成年年齢の引き下げに伴うメリット・デメリットの双方について議論がなされました。この点、ひとり親家庭に対する養育費の支払期限をめぐる解釈上の争い、不登校児童・生徒やひきこもり者に対する自立支援のあり方、若年者に対するＡＶ出演強要事案の実相、消費生活行政予算が乏しい自治体の窮状など、具体的事案に即して議論が深堀りされたことも確かですが、法案審議の時間がトータルとして必ずしも十分だったとはいえず、消化不良に終わった感も否めません。18歳成年法による制度改正は、そのすべてが私たちの市民生活に影響が及びますが、その全体像はどのようなものか、今後どのような問題が起こり得るのかといった点について、なお多くの市民が掴みかねています。

市民の議論こそ重要

国会審議では、新たに成年となる18歳、19歳の者が消費者被害に遭わないための施策をどう進めるかが最大の論点となりました。消費者保護施策を拡充する法整備としては、18歳成年法案とほぼ同時並行に審議が進められ成立した改正消費者契約法（消費者契約法の一部を改正する法律、平成30年6月15日法律第54号）の立法経緯とその内容をあわせて理解することが重要です。改正消費者契約法は２０１９年６月15日に施行されますが、18歳成年法に3年ほど先行する意義は大きく、同法施行の「環境整備」としての効果が期待されます。

もっとも18歳成年法、改正消費者契約法が整備されて、政治・行政は「御役御免」になるわけではありません。施行までの間になすべき施策を整理し、着実に実行し、そして効果を上げていかなければならないのです。この点に関し政府は、２０１８年4月16日、「成年年齢引下げを見据えた環境整備に関する関係府省庁連絡会議」を立ち上げています（以下、本文では「政府連絡会議」と記します。）。政府連絡会議は、消費者保護、消費者教育、自立支援の３つを基軸に、18歳成年法が施行されるまでの間（２０１８～21年度の４カ年度）に取り組む具体的施策の「工程表」を作成し、公表しています。今後は年間数回程度、開催される予定ですが、工程表に掲げられている施策の妥当性、進捗の確認や評価のあり方、周知広報のあり方など、さらに検討すべき課題を残しています。

その他、18歳成年法が残している課題としては、①高校教育の対応、②成人式のあり方、③被選挙権年齢の引き下げ、④少年法上限年齢の引き下げ、などが挙げられます。18歳といえば、多くは高校3年生の途中で成年に達することから、教員、学校の対応にも一定の配慮が必要になります。また、成人式の実施が大学入試シーズンと重なっては諸々不都合が多いと各界から意見が示されており、その運用のあり方を見直し、実行に移していかなければなりません。

このように、18歳成年法が施行される2022年4月1日までに検討し、解決しなければならない施策は山積みです。「18歳成年社会」をどう描き、築いていくべきか「20歳成年社会」に長く親しみ、慣れてきた私たちにとって体験したことがない検討作業が、目の前に待ち構えているのです。「18歳は大人か?子どもか?」といった旧態依然たる概念論争を超えて、相当な使命感と責任感を自覚しながら、議論を着実に積み重ねていかなければなりません。この議論は、政治・行政が中心にあるのではなく、すでに成年を超えた私たちこそ主役です。

本書は、以上のような問題意識と視点に立って、18歳成年法の意義、内容と今後の課題について解説する入門書として執筆しました。法学の分野はもちろん、教育学、社会学に関わる方々にも、広く手に取っていただければ光栄です。

最後に、前著『「図解」超早わかり 国民投票法入門』（2017年2月初版発行）に続き、本書の企画段階から懇切、丁寧にご指導をいただいた、株式会社C&R研究所代表取締役社長・池田武人さん、同社編集部・西方洋一さんに、改めて御礼を申し上げます。

2018年12月

南部 義典

■本書について

- 本書では、法令名の通称、略称を使用します。カッコ内は、法律が公布された年月日を示しています。

主に扱う法律	
18歳成年法	民法の一部を改正する法律（平成30年6月20日法律第59号）
改正消費者契約法	消費者契約法の一部を改正する法律（平成30年6月15日法律第54号）

関係する法律	
国民投票法	日本国憲法の改正手続に関する法律（平成19年5月18日法律第51号）
改正国民投票法	日本国憲法の改正手続に関する法律の一部を改正する法律（平成26年6月20日法律第75号）
18歳選挙権法	公職選挙法等の一部を改正する法律（平成27年6月19日法律第85号）

- 本書で引用する法令データは、2018年11月1日時点の内容です。
- 最新の法令データは、政府の「e-Gov法令検索」をご参照下さい。
  http://elaws.e-gov.go.jp/search/elawsSearch/elaws_search/lsg0100/

CONTENTS

目次

たばこ
8

千円
500

18歳成年法

第4章 民法にあわせて改正された法律

第5章 消費者契約法の改正

第6章 今後の課題

◆資料編

序章

いま、なぜ18歳成年法なのか

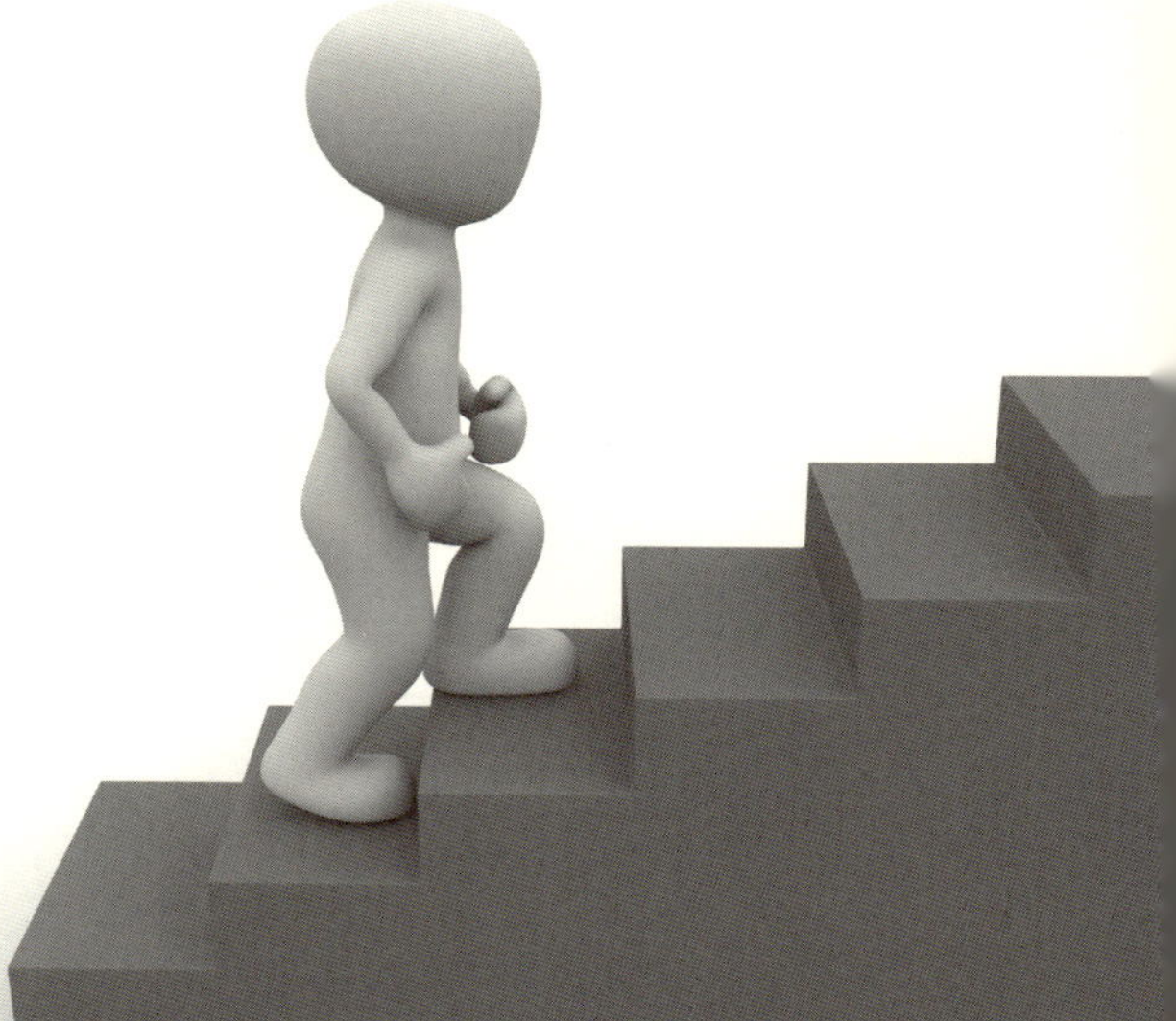

成年・未成年の区分は不可能!?

そもそも、法律が一定の「年齢」を以て権利を与えたり、義務を課したりすることは、近代以降の平等主義、合理主義の所産であるといえます。個人はその能力等の違いにかかわらず、年齢という基準を以て平等に扱われます。また、個人に対してそうした扱いをすることが、制度として合理的なのです。しかし、その「線引き」は永久不変のものではありません。時代ないし社会の緊張関係の中に絶えず置かれています。

日本家族法の父と呼ばれた穂積重遠博士（1883〜1951年、元最高裁判事）は、その著書『民法総論（上巻）』（有斐閣、1921年、136〜137頁）の中で、次のように述べています。

> 成年期と云ふのは、独立して社会生活を為すに堪える程度の思慮分別の成熟を標準として法律が定めた人の年齢上の境界であって、我民法は満二十年を以て成年とする。而して此満二十年を境界として人を未成年者たる無能力者と成年者たる能力者とに区分するのであるが、純理からも実際からも批難の余地がある。即ち人の知能の発達は漸進的で且人によって異なり得るから、画一的の区

別は実は不可能なのであり、それを強いてするから時に不当の結果を免かれない。そこでその不当の結果を救済するための手段として、成年に近い未成年者の能力を成年者の能力に近づかしめ又は等しからしめ得る制度を設けた外国の立法例がある。フランス民法の『解放』の制度、フランス民法及びスイス民法の『婚姻ハ成年ヲナス』の制度、ドイツ民法及びスイス民法の成年宣告の制度等である。併し此等の制度は、かのローマ法式の未成年者中に更に数階段(原文ママ)を設ける制度と共に、未成年者側に於ける差別の利益のみを見て、其相手方たるべき一般世人に取っての安定の利益を無視したものと云ふべく、我民法が斯う云ふ制度を採用せずに、後述営業許可の規定を以て其缺を補ったのは、却って穏当と思はれる。もし此等の制度が実際上必要だと云ふならば、寧ろ一般に成年期を繰下げて、例へば満十八年としたらどうであらうか。」

（傍線：筆者）

一世紀近く前の穂積博士の指摘は間違いなく、現在もそのまま当てはまります。人の成長そのものは緩やかなものであり、かつ個人差があることから、法律を以て成年・未成年を画一的に区分することは「不可能」です。成年制度を設けることで、判断能力が不十分な者を保護できなくなるなど、不当な結果をもたらす危険は常にあります。他方、制度上、未成年者を数段階に分けることは、社会経済上の取引の安全を害することになります。穂積博士は、未成年者を数段階に分けるくらいなら、むしろ成年年齢を18歳に引き下げた方がいいと結んでいますが、この箇所だけ読めば、まるで百年後の今日の立法を予言しているかのようです。

もっとも、18歳成年法の整備は、穂積博士の提論に単純に従った訳ではありません。あえてこのタイミングで成年年齢を引き下げることには、相応の理由、背景（立法事実）があります。本論に入る前に、そのポイントを簡潔に整理しておきます。

18歳成年は「世界標準」

まず、各国の成年制度はどうなっているか、海外に目を転じてみましょう。政府資料（法制審議会民法成年年齢部会第13回会議資料27、2008年8月5日現在）によると、成年年齢に関するデータがある191の国・地域のうち、147の国・地域で18歳成年（16歳、17歳も含む）となっています（全体の約77％を占めます）。OECD加盟35カ国（2016年現在）に限ると、18歳成年は30カ国に及ぶものの、19歳成年は1

カ国（韓国）、20歳成年は2カ国（日本、ニュージーランド）にとどまります。

アメリカは州により異なりますが、18歳成年が45州、19歳成年が2州、21歳成年が3州となっています。カナダでは18歳成年が6州、19歳成年が4州および3準州です。イギリスは、スコットランドが16歳成年である他は、すべて18歳成年です。したがって、現在は「18歳成年は世界標準である」と評価しうる状況にあり、日本における18歳成年法の整備は、世界標準にようやく到達することを意味します。

もっとも国会・政府においては、昭和から平成にかけて「18歳成年法を整備し、世界標準に合致させよう」という議論が散発的にみられました。しかし、具体的な法整備のきっかけは、国民投票法（日本国憲法の改正手続に関する法律。平成19年5月18日法律第51号）の制定を待たなければならなかったのです。さらに第1章のSECTION 03で解説しますが、国民投票法の改正（2014年6月）によって18歳国民投票権が実現する2018年6月に間に合うように、今回、18歳成年法が整備されたという経緯があります。周知のとおり、選挙権年齢を20歳以上から18歳以上へと引き下げる18歳選挙権法は2015年6月に整備されており、18歳成年法はそれに続く形となります。

18歳成年法は、女性の婚姻適齢を16歳から18歳に引き上げることも内容にしています。第3章で解説しますが、性差解消などの観点から、婚姻適齢を男女で統一するよう、国連が日本国政府に対して繰り返し勧告を行ってきたことも重要な背景です。

18歳成年の「本質」を捉える、3つの視点

18歳成年法が整備されたといっても、所詮、民法やその他の法律が定める基準年齢が変わる（2歳引き下がる）だけではないか、と考える方もいらっしゃるでしょう。しかし、18歳成年を論じる視点を意識して拡げないと、法整備が行われた本当の意味（問題の本質）を捉えることはできません。以下の3点を指摘しておきます。

第一に、18歳を以て法的な責任が問われる主体になるということです。この点は、18歳選挙権との比較で考えてください。憲法15条4項の後段は「選挙人は、その選択に関し公的にも私的にも責任を問はれない。」と規定しています。この規定があることで、選挙の結果、誰が当選しようと落選しようと、議会（国・地方）がどのような構成になろうとも、投票した18歳、19歳の若者が「責任」を追及されることはありません。選挙に限らず、国民投票についても「無答責」であることは同じです。

しかし、18歳成年は、これとは訳が違います。18歳になれば、親の同意なく、自らの判断で自由に契約を締結することができるようになりますが、その「権利を得る」という面だけでなく、「責任を負う」という地位も備わるということです。この責任は道義的なものではなく法的なものであって、拘束力を以て発生します（自分の意思で、勝手に免除することはできません）。契約の内容に基づく義務を履行しない場合など、法的な意味での責任追及を受けることがあります。

第二に、18歳成年法の整備を以てしても、いわゆる年齢引き下げ問題が完結したというわけではないという点です。この点、

18歳成年について考えよう

「18歳は大人か？子どもか？」という一般的な大人・子ども論争は徐々に終焉に向かっていくと思いますが、法制度上の議論は、当面しばらく続きます。第6章で解説しますが、例えば、少年法の上限年齢を20歳から18歳へと引き下げるための、18歳少年法の整備などが残っています。

18歳成年が後押しすることになる、被選挙権年齢の引き下げの件も同様です。その他にも今回、引き下げが先送りされた年齢が多く残っていることを踏まえ、国会・政府においては年齢法制全体の将来ビジョン（完成像）を具体的に描きながら、必要となる法整備を結実させる必要があります。

第三に、18歳成年社会の構築に向けて、

すでに成人している私たちの意識、態度が問われているということです。18歳成年社会というのは、法的な意味を離れて言えば、18歳を以て一人前の個人（大人、成人）として承認する社会であると同時に、一人前にすることができる環境がシステム上整っている社会と定義付けることができます。その基盤として、家庭、学校、地域等における教育が果たすべき役割が重要です。

しかし、18歳成年法を整備したからといって、教育の基盤強化は容易に、自動的に実現するものではありません。政治・行政任せにするのではなく、何より私たち自身の問題として捉え、意識改革を進めていくことが肝要です。私たちは長い間、20歳成年社会に慣れ切っていました。意識改革をこのまま欠くと、20歳成年社会における私たちの「意識」と18歳成年法という「規範」との間に、隔たりが生まれてしまいます。この隔たりが、若者の自立を妨げてしまったり、若者が必要とする保護を与えないなど、対応（施策）の遅れを生む原因にもなります。

18歳成年法の整備を受け、さらなる将来に向かって、どんな社会を築いていくのかは私たちの決意、覚悟次第です。それでは、本論に進みましょう。

お酒、喫煙、ギャンブル
たばこ
成人式
納税
千円
契約、ローン
Card
ローン
少年法

第 1 章

18歳成年法の基礎知識

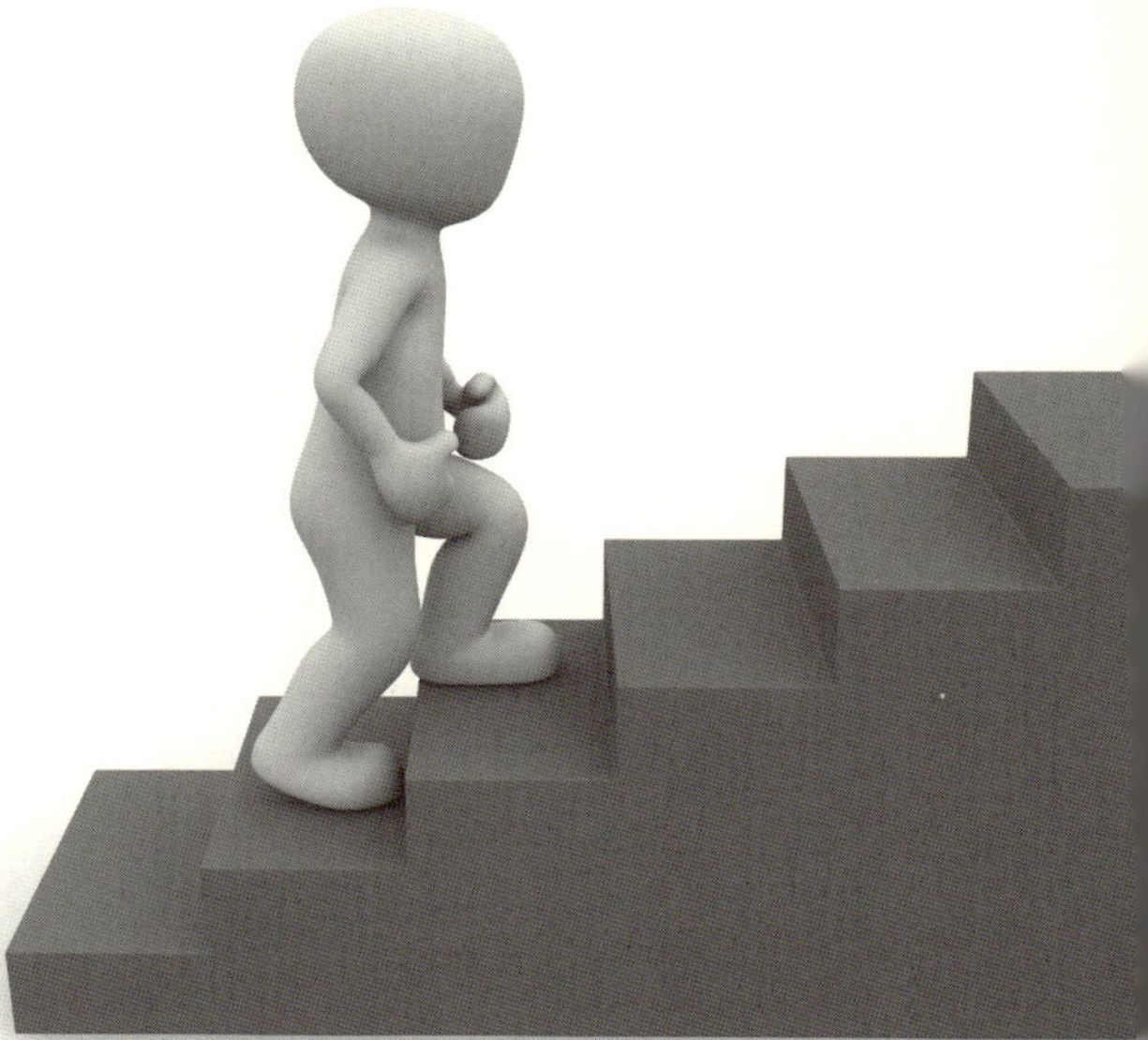

SECTION 01

成年年齢とは何か

大人・成人・成年どう違う？

本書のタイトルは『18歳〝成人〟と法律』であるのに対し、扱う法律の名称は「18歳〝成年〟法」です。ほとんどのメディアは〝成年〟年齢を「〝成人〟年齢」と言い換えつつ、18歳成年法を「〝大人〟の定義を変える法律」と呼びました。「大人」「成人」「成年」といった、似たような用語が並んでいます。意味は同じなのか、違うのか、それぞれの国語的な意味を探ってみましょう。

新村出編『広辞苑（第7版）』（岩波書店、2018年）では、次のように定義されています。

大人……①十分に成長した人。一人前になった人。成人。
②考え方、態度が老成しているさま。分別のあるさま。

成人……①幼い者が成長すること。また、その人。
②成年に達すること。また、その人。おとな。

成年……人が成長して完全な行為能力を有するに至る年齢。

広辞苑の定義によれば、「大人」「成人」は、人そのものを意味するのに対し、「成年」は、年齢という人の属性を示していることがわかります。

「大人」「成人」は一見して同じような定義付けになっていますが、語意の幅が異なります。「大人」は十分に成長した人、「成人」を含み、さらに、考え方や態度が老成し、分別があるさまをも含む広い概念である一方、「成人」は幼い者が成長し「大人」になったという状態を指すにすぎません。「成人」は「身体の成長」を捉えるだけですが、「大人」はこれに加えて「精神の成熟」という要素が加わっています（精神の成熟は、必ずしも年齢と相関しません）。

また、広辞苑を引用するまでもありませんが、成年に達した者を「成年者」、成年に達しない者を「未成年者」といいます。前記「成人」の定義に従うと、「成年者」は「成人」に含まれます。

以上、用語の意味の広いほうから並べると、「大人」「成人」「成年（者）」の順となります。

もっとも、「未成年者」は一般に広く使われる用語ですが、「成年者」は一般的ではなく、「大人」「成人」に言い換えられることが通常です。これが、用語概念の混同、混乱の原因ともなっています。

大人・成人・成年（者）の枠組み

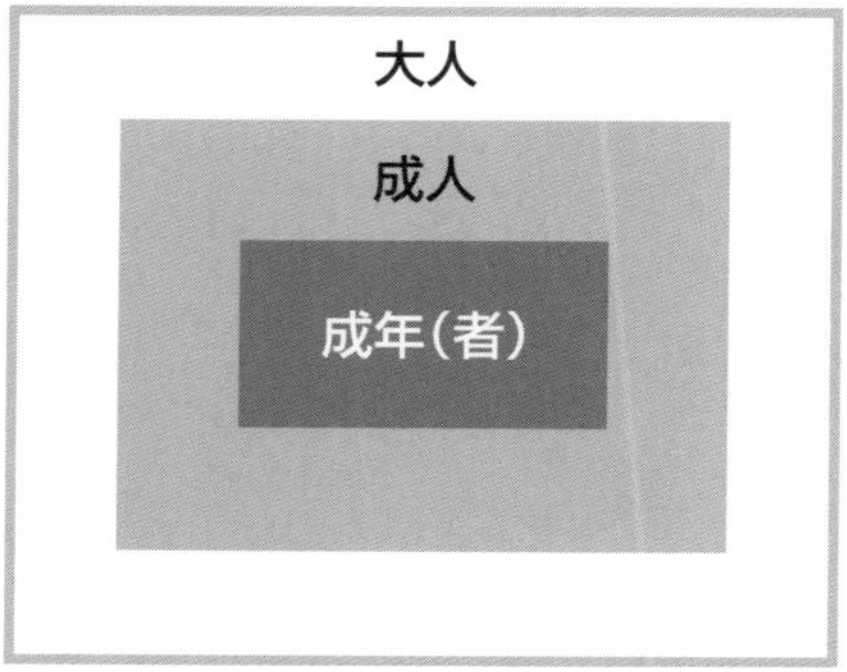

また、成人には「成年に達した者」という意味が含まれるわけですから、「成人年齢」とは本来、「成年に達した者の年齢」という重言に他なりません（「頭痛が痛い」と同じ使い方です）。さらには、「成年」も年齢概念そのものですから、「成年年齢」という語法も、厳密にはおかしいといえます。似たような語に「停年（定年）」がありますが、「停年（定年）年齢」とは一般には言いません。「成年年齢」は、独特の使い回しなのです。

法律における用語の使用状況

国語的な意味の広い方から並べると、「大人」「成人」「成年（者）」の順となります。それでは、法律の中では、これらの用語はどれくらい使われているのでしょうか。

まず、「大人」を使用する法律は一本もありません。唯一、ひらがなの「おとな」を使用するのが、国民の祝日に関する法律（昭和23年7月20日法律第178号）の第2条です。「成人の日」の意義を、「おとなになったことを自覚し、みずから生き抜こうとする青年を祝いはげます。」と定めています。

「成人」を使用する法律は6本あります。前記、国民の祝日に関する法律第2条のほか、児童福祉法（昭和22年12月12日法律第164号）第34条第1項、少年法（昭和23年7月15日法律第168号）第2条第1項、社会教育法（昭和24年6月10日法律第207号）第2条等、知的障害者福祉法（昭和35年3月31日法律第37号）第3条、および社会保障制度改革推進法（平成24年8月22日法律第64号）附則第2条第2号です。

そして「成年」を使用する法律は、民法をはじめ264本に上ります。第○×条といった本則中の条単位でみると、586本にも上ります。法律の中では、「大人」「成人」は主流ではなく、圧倒的に「成年」の語が使用されているのです。もっとも、厳密にはを要します。「成年」に限らず、「未成年者」「未成年後見人」「成年後見人」「成年被後見人」「成年後見監督人」など、用語の中に『成年』の二文字を含むものがすべて該当することに注意を要します。

成年年齢が持つ法的意味

成年という用語自体、年齢を示す概念です。「成人年齢」は重言であり、「成年年齢」も「年齢」の意味が重なっています。しかし、政治・行政の中で長く通用していることから、本書でも特段、注釈を置くことなく使用します。

成年年齢が持つ法的意味は次の二点です。

第一に、契約を一人ですることができる年齢です。成年に達した者（成年者）は、民法その他の私法の上で完全な行為能力者とみなされ、契約などの法律行為を単独で行うことができます。未成年者が、親権者などの法定代理人の同意を得ないで行った法律行為は取り消すことができます（民法第5条第2項）。

先ほど、広辞苑の定義を確認しましたが、「完全な行為能力を有するに至る」とはこういう意味です。18歳成年法が施行された後は、18歳、19歳の者が悪徳業者から高額・無価値な商品を購入したようなケースであっても、成年者による契約として原則、有効に成立し、未成年者であることを理由に取り消すことができなくなります。18歳、19歳の者の消費者被害が拡大するおそれが高くなるのは、このためです。

第二に、親権者の親権に服さなくなる年齢です。未成年者は、父母の親権に服します（民法第818条第1項）。親権者には、子の監護および教育をする権利義務があり、子の居所を指定したり、その財産を管理する権利などを有しています（同法第820条等）。18歳成年法が施行された後は、18歳、19歳の者の自立が促される面がある一方、自立に困難を抱える者にとっては、親権者からの保護を受けられなくなるなど、親の養育放棄を助長するおそれが高くなります。

このように、18歳成年の制度は、18歳、19歳の者にとってメリット、デメリットの両面があることに注意しなければなりません。未成年者を保護し、自立を促進するためにどのような施策が講じられようとしているのか、第2章で検証します。

参照条文【民法】

（未成年者の法律行為）

第5条　未成年者が法律行為をするには、その法定代理人の同意を得なければならない。ただし、単に権利を得、又は義務を免れる法律行為については、この限りでない。

2　前項の規定に反する法律行為は、取り消すことができる。

3　第一項の規定にかかわらず、法定代理人が目的を定めて処分を許した財産は、その目的の範囲内において、未成年者が自由に処分することができる。目的を定めないで処分を許した財産を処分するときも、同様とする。

（親権者）

第818条　成年に達しない子は、父母の親権に服する。

2　（略）

3　（略）

（監護及び教育の権利義務）

第820条　親権を行う者は、子の利益のために子の監護及び教育をする権利を有し、義務を負う。

（居所の指定）
第821条　子は、親権を行う者が指定した場所に、その居所を定めなければならない。

（懲戒）
第822条　親権を行う者は、第820条の規定による監護及び教育に必要な範囲内でその子を懲戒することができる。

（職業の許可）
第823条　子は、親権を行う者の許可を得なければ、職業を営むことができない。
2　（略）

（財産の管理及び代表）
第824条　親権を行う者は、子の財産を管理し、かつ、その財産に関する法律行為についてその子を代表する。ただし、その子の行為を目的とする債務を生ずべき場合には、本人の同意を得なければならない。

SECTION 02

20歳成年の起源

明治9年の「太政官布告」まで遡る

現行民法が制定されたのは1896（明治29年）4月のことです。20歳成年の制度は、この年にスタートしたと思われるかもしれませんが、実はさらに20年古く、1876（明治9）年4月の太政官布告にまで遡ります。20歳成年は何と、140年以上の歴史を有しているのです。太政官とは1868（明治元）年4月に制度化された行政機関で、内閣制度が発足する1885（明治18）年12月まで置かれていました。布告とは、現在でいう法律に当たります。

明治政府は当時、近代国家として備えるべき基本的な法制度の立案を進めていました。現在の刑法に相当する新律綱領（1870年）、戸籍法（1871年）、徴兵令（1873年）など、この時期に集中しています。

そんな中、初代内務卿の大久保利通（1830～78年）は1875（明治8）年11月24日、太政大臣三条実美（1837～91年）に対し「成丁年度之儀伺」を提議しました。

その内容は、政府は当時、成年に関する布告を行っていなかったところ、称徳天皇天平宝宇元年詔（757年）、令儀解戸令（833年）、フランス民法（1852年）、徴兵令（1873年）を参照しても、何歳が成年であるのか明確でないので、早急に決定することを求めるものでした。

政府が提案した「20歳成年」

大久保の提議を受け、内閣法制局は1875（明治8）年12月10日、元老院（当時の立法機関）に対し、「新法制定」の高裁を仰ぎました。

その内容を現代語風に嚙み砕くと、「成年年齢が定まっていないので、政府も国民も不都合が多い。各国の制度は別表「各国丁年制度異同表」のとおりである。およそ人の成長、才能の進化は、各地の気候、人種によってその早晩に違いが出る。したがって、成年・未成年の区別が早すぎると、子の利益を害するおそれがあり、区別が遅すぎると、自立と勉強を妨害し、保護の施策がかえって人を束縛することになってしまう。大宝令は21歳を成年と定めているので、満20歳を以て成年としてはどうか。」というものでした。大宝令から一歳引き下げられていますが、明治政府は当時、古代から続く数え年の慣習を改め、満年齢主義へと移行するべく「年齢計算方ヲ定ム」(明治6年2月5日太政官布告第36号)を定めていることから、一歳の差は満年齢を基準にしたことによるものです。

高裁の文書に添付された別表「各国丁年制度異同表」には、天平宝字(養老令)が22歳、大宝令が21歳、中国(唐制)が20歳、フランス、ロシア、ドイツ、イタリアが21歳、イギリス、アメリカが22歳、オランダが23歳、オーストリアが24歳、スペイン、ポルトガルが25歳と記載されていました。また、契約取引上の代理人の要件等を定める代人規則(明治6年6月18日太政官布告第215号)の第3条「凡代人ハ心術正実ニシテ満廿一歳以上ノ者ヲ撰ムベシ」という規定が、参照として記されていました。当時においても、各国の制度は様々であったことが窺えます。

元老院の協議と太政官布告

元老院は1876(明治9)年1月14日、法制局からの「新法制定」の高裁に関して、協議を行いました。ここでも当日の議事を現代語風に改めますが、「成年年齢は、現在までの慣習で満21歳から満25歳までの幅で定められてきた。諸外国の制度も異同があって、同一ではない。したがって、20年と定めるべきではない。」「人生において、何歳になればどのような権利を有し、義務を負うのが妥当であるのかをまず決めるべきである。その後、一般的な成年年齢を定めるのが当然である。」と、制定を先送りする意見も示されました。

しかし、この意見に対する反論として、「まず、一般的な成年の制度を定めないといけない。それこそ、内務省が成年の制を提議した理由ではないか。」「古代、養老令には『中男』（17～20歳）の制度があった。税制やその他の事柄に関して、事の遅速によって『丁男』（20歳以上）と『中男』とを分けていたとみられる。諸外国の制度も参考にしながら、満20歳を以て成年とすることとし、その後、『中男』の制を定めるべきである。」といった意見が示され、議論の結果、最終的には20歳成年案が可決されました。

元老院の議決を受けて、1876（明治9）年4月1日、太政官布告第41号「自今満弐拾年ヲ以テ丁年ト相定候」が公布されました。これが本節の冒頭で触れた、20歳成年の起源です。

その後、太政官布告第41号の廃止を前提に制定された旧民法（明治23年10月7日法律第98号）の第3条には「私権ノ行使ニ関スル成年ハ満二十年トス但法律ニ特別ノ規定アルトキハ此限ニ在ラス」と規定されました。しかし、いわゆる民法典論争の下で施行されないまま、廃止されるに至っています(民法の第一次改正、明治31年6月21日号外法律第9号)。そして、現行民法の制定時には、第3条が「満二十年ヲ以テ成年トス」と定め、2004年12月の現代語化(民法の一部を改正する法律、平成16年12月1日法律第147号)によって、現行の第4条「年齢20歳をもって、成年とする。」という条文に受け継がれてきたのです。

旧民法においても20歳成年が踏襲された理由として、一般的には、当時の日本人の平均寿命や精神的な成熟度などを総合考慮したものと解されています。しかし、科学的な根拠に乏しいとの批判もあります。

20歳を成年と
決めるまでにも
いろいろあったんだねー
へえ〜

SECTION 03

成年年齢引き下げの経過

国民投票権年齢との関係は？

下図の「成年年齢と国民投票権年齢の推移」をご覧ください。縦軸は年齢、横軸は時の経過を示しています。

太線は成年年齢です。長らくずっと20歳できていたものが、18歳成年法の施行日である（ｆ）２０２２年４月１日に、18歳に引き下げられます。細線は国民投票権年齢です。国民投票法の施行日である（ｂ）２０１０年５月18日には、18歳以上か20歳以上か確定しない状態に陥ってしまいましたが、改正国民投票法の施行日である（ｃ）２０１４年６月20日に

成年年齢と国民投票権年齢の推移

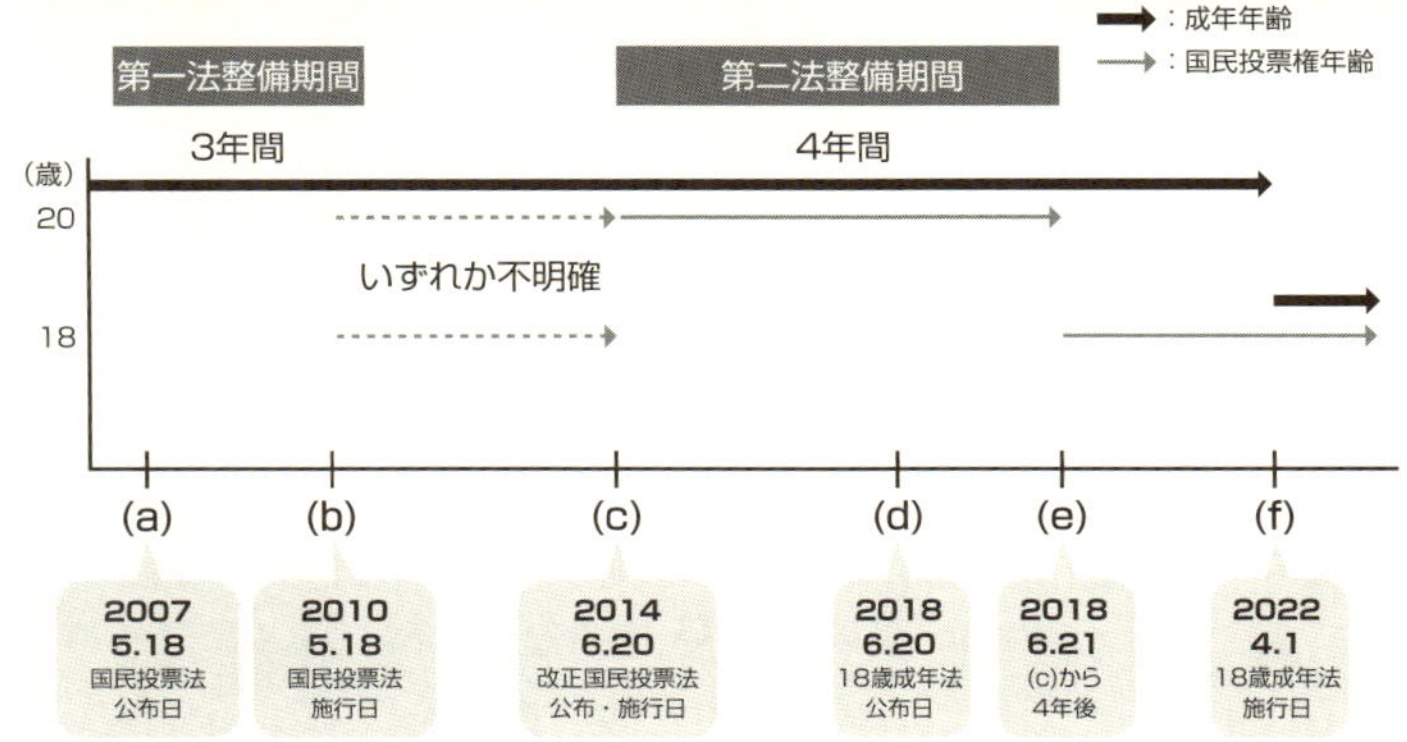

いったん、20歳以上に確定し、(c)から4年後(初日不算入)に当たる(e)2018年6月21日に18歳に引き下げられました。

成年年齢と国民投票権年齢は、一見して無関係に推移しているようにも見えます。しかし、成年年齢は、18歳国民投票権の実現という政策目的に合うように、その引き下げが意図されていたのです。

18歳成年は元々、18歳国民投票権の「前提条件」だった

国民投票法が公布されたのは、(a)2007年5月18日のことでした。そして、その施行日は、公布日の3年後である(b)2010年5月18日と定められました。国民投票法第3条は「日本国民で年齢満18年以上の者は、国民投票の投票権を有する。」と定めたことから、(b)2010年5月18日以後、国民投票が実施される場合には、18歳国民投票権の下で行われることが基本的に想定されていたのです。

もっとも、18歳国民投票権には、ある前提条件が付されていました。その条件とは、図の上側に「第一法整備期間」と記していますが、2007年5月18日から(b)の前日である2010年5月17日までの間に、選挙権年齢を20歳以上から18歳以上に引

き下げるための18歳選挙権法、成年年齢を20歳から18歳に引き下げるための18歳成年法などを整備することでした。18歳選挙権、18歳成年などが実現しないうちに18歳国民投票権だけを先行して実現させてしまうと、政治参加の権利として同種である選挙権の年齢と2歳の較差が生じてしまうほか、「参政権年齢と成年年齢は立法政策上一致していることが望ましい」とする国会・政府の伝統的な考え方に反する結果になるからです。

しかし、第一法整備期間では、18歳選挙権法、18歳成年法などの整備は行われませんでした。また、第一次整備期間において、18歳選挙権法、18歳成年法などが整備されたとしても、それらの施行日が（b）２０１０年5月18日に間に合わないときには、いったん20歳国民投票権とし、最終的に18歳選挙権、18歳成年などと揃って18歳に引き下げる旨の経過措置も定められていましたが、そもそも18歳選挙権法等の整備が行われなかったために、20歳国民投票権とする途も閉ざされてしまいました。結果として、国民投票権年齢は、図のように18歳以上か、20歳以上か、いずれにも確定しない状態に陥ってしまったのです。

改正国民投票法と第二法整備期間

国民投票権年齢が確定しないのでは当然、国民投票を執行することはできません。そこで、年齢に関する不正常な状態を脱するために、国民投票法の改正が行われました(2014年6月)。前述のとおり、(c)2014年6月20日に、国民投票権年齢をいったん20歳以上に確定させ、(c)から4年後に当たる(e)2018年6月21日に、18歳に自動的に引き下げることとしました。

そして、「第二法整備期間」と記していますが、2014年6月20日から(e)の前日である2018年6月20日までの4年間のうちに、18歳選挙権法、18歳成年法などを整備することと、改めて仕切り直したのです。事実、18歳選挙権法は、2015年6月17日に成立し、その2日後に公布されました(平成27年6月19日法律第43号)。18歳成年法の公布(d)2018年6月20日)も、第二法整備期間の終了当日となりました。法整備が何とか間に合ったという状況です。

SECTION 04

政府における検討（法制審議会、政府連絡会議）

法制審議会・諮問から答申まで（２００８～09年）

前節で確認したとおり、国民投票法は２００７年5月18日に公布されました。国民投票法が全面施行される２０１０年5月18日までの間に、公職選挙法、民法等を改正し、18歳選挙権、18歳成年等を実現する法整備を行うことを想定していました。とくに、18歳成年法は、政府において立法の検討を行い、その法案を国会に提出することが念頭に置かれていました（議員立法ではなく「閣法」と呼ばれます）。

国民投票法の公布日から9カ月ほど経過した２００８年2月13日、鳩山邦夫法務大臣は、法制審議会に対し、「若年者の精神的成熟度及び若年者の保護の在り方の観点から、民法の定める成年年齢を引き下げるべきか否か等について御意見を承りたい」とする諮問を行いました（諮問第84号）。諮問を受けて、同年3月11日、法制審議会の下に「民法成年年齢部会」が設置され、議論が進められました。そして、２００９年7月29日の民法成年年齢部会第15回会合において、「民法の成年年齢の引下げについての最終報告書」が了承されています。

2009年9月17日に開かれた法制審議会第159回会議では、最終報告書の一部内容に異議が示され、最終報告書を含む「答申案」は了承されませんでしたが、第160回会議(同年10月28日)ではようやく了承されるに至り、「民法の成年年齢の引下げについての意見」を千葉景子法務大臣に答申しました(この間、民主党を中心とする〝政権交代〟が起きています)。諮問から答申まで、1年8カ月を要しました。

(法制審議会答申)民法の成年年齢の引下げについての意見

当審議会は、平成20年2月開催の第155回会議において、民法の成年年齢の引下げに関する諮問第84号を受け、機動的・集中的に審議を行う必要があるとして、専門の部会である民法成年年齢部会(部会長:鎌田薫早稲田大学教授)(以下「部会」という。)を設置し、部会での調査審議に基づき更に審議することとした。

そして、当審議会は、平成21年2月の第158回会議において、部会長から部会の調査審議の経過について説明(中間報告)を聴取し、また、同年9月の第159回会議において、部会長から、部会が取りまとめた別添「民法の成年年齢の引下げについての最終報告書」（以下「最終報告書」という。）に基づき、部会における調査審議の結果の報告を聴取した上、答申に向けて2回にわたり審議をするなど、合計4回にわたり審議を重ねた。

審議の過程においては、最終報告書の結論を是とする意見のほか、民法の成年年齢引下げの法整備の時期が明確ではないのではないかとの意見や、多数の法令が関係している年齢条項の見直しに関する問題は、国民生活に大きな影響を及ぼすものであり、その検討状況を適時・適切に国民に開示するとともに、若年者やその親権者を含む国民に理解されるよう、国民的関心を高めるなど周知徹底に努めるべきではないか等の意見が出された。

これらの意見を受け、議論の結果、以下のとおりの結論に至った（なお、婚姻年齢については、平成8年2月に答申済みである。）。

1 民法の定める成年年齢について

民法が定める成年年齢を18歳に引き下げるのが適当である。

ただし、現時点で引下げを行うと、消費者被害の拡大など様々な問題が生じるおそれがあるため、引下げの法整備を行うには、若年者の自立を促すような施策や消費者被害の拡大のおそれ等の問題点の解決に資する施策が実現されることが必要である。

民法の定める成年年齢を18歳に引き下げる法整備を行う具体的時期については、関係施策の効果等の若年者を中心とする国民への浸透の程度やそれについての国民の意識を踏まえた、国会の判断に委ねるのが相当である。

2　養子をとることができる年齢（養親年齢）について

養子をとることができる年齢（養親年齢）については、民法の成年年齢を引き下げる場合であっても、現状維持（20歳）とすべきである。

答申は「成年年齢を18歳に引き下げるのが適当である」としつつも、①若年者の自立を促す施策、②消費者被害の拡大を解決する施策、の2つを実現することが必要と述べています。政府は、①②が18歳成年法を整備するための前提条件になると位置付け、その旨の国会答弁を繰り返してきました。

法制審議会答申後の動き（2009〜18年）

18歳成年法を整備するための前提条件①②を成就させるため、政府ではその後、子ども・若者育成支援施策（内閣府）、法教育の推進（法務省）、若年者に対する税の啓発活動（財務省）、消費者教育推進事業（文部科学省）、学校教育における消費者教育等の推進（同）、学校における金融知識等普及施策（金融庁）、消費者教育用副教材の作成（消費者庁）、消費者教育ポータルサイト（同）、消費者教育推進会議（同）といった諸施策を進めてきました。しかしそれでも、18歳成年法案をただちに国会に提出できるほどの政治的環境は整いませんでした。

２０１６年に入り、消費者委員会（内閣府）は「成年年齢引下げ対応検討ワーキンググループ」を設置しました。成年年齢が18歳に引き下げられた場合に、新たに成年となる18歳、19歳の者の消費者被害の防止、救済のための対応策について検討することが目的です。２０１７年1月に公表した「報告書」では、①消費者契約法を改正し、若年成人に対する配慮に努める義務を事業者に課すこと、②事業者による不当勧誘に対する取消権を付与すること、③連鎖販売取引において若年成人の判断力の不足に乗じて契約を締結させる行為、訪問販売において若年成人の知識・判断力等の不足に乗じて契約を締結させる行為を、行政処分の対象として明確化することなどを望ましい制度整備として挙げました。

前提条件①②を成就させるための施策とは別の動きとして、2015年6月には18歳選挙権法が制定、公布されました（議員立法）。同法の附則第11条は「国は、国民投票の投票権を有する者の年齢及び選挙権を有する者の年齢が満18年以上とされたことを踏まえ、選挙の公正その他の観点における年齢満18年以上満20年未満の者と年齢満20年以上の者との均衡等を勘案しつつ、民法、少年法その他の法令の規定について検討を加え、必要な法制上の措置を講ずるものとする。」と、改正国民投票法（2014年6月）の附則の内容を再定位しました。

「18歳成年」のパブリックコメント

政府はまた、2016年9月1日から30日までの間、「民法の成年年齢の引下げの施行方法に関する意見募集」（パブリックコメント）を実施し、11月8日にその結果を公示しました（20の団体、173名の個人から意見が寄せられました）。意見募集項目は、4つありました。

第一は、「改正法施行時点の18歳、19歳に達している者が改正法施行日に一斉に成年に達することによる支障の有無」という点です。この点、特段支障はないとする意見が寄せられた一方、一斉施行とすることによる消費者被害集中への懸念等から、段階的施行とすべきとの意見がありました。

第二は、「施行日までの周知期間」です。3年より長い周知期間が相当であるとの意見が多数寄せられ、3年または3年より短い周知期間が相当であるとの意見は少数に止まりました。また、多数意見の多くは、消費者教育などの消費者保護施策の効果を生じさせることや成年年齢が引き下がることを社会全体に浸透させるには相当長期の周知期間が必要であることを理由とするものでした。

第三は、「改正法の施行日」です。1月1日を支持する意見もありましたが、教育現場に混乱を生じさせないため、年度替わりの4月1日を相当とする意見が多数寄せられました。

第四は、「施行に伴う支障について」です。施行に伴う支障はないとの意見もありましたが、支障があるとの意見が大多数を占めました。施行に伴う具体的な支障としては、養育費の支払の終期が事実上繰り上がるとの問題を指摘するものや、新たな成年者がローン契約を締結することが可能となる結果、多重債務者となる危険性を指摘するものがありました。また、消費者被害への対策としては、若年者の知識・経験の不足に乗じた契約からの救済措置を設けるべきとの意見や、消費者教育を充実させるべきとの意見が寄せられました。

18歳成年法案の国会提出（2018年3月）と政府連絡会議の発足

政府は第194回国会（臨時会、2017年9月28日召集）において18歳成年法案を提出する動きを見せましたが、召集当日に衆議院が解散されたため、法整備はさらに持ち越しとなりました。第195回国会（特別会、2017年11月1日召集）を経て、第196回国会（常会、2018年1月22日召集）において、18歳成年法案はようやく国会に提出されました（同年3月13日）。国民投票法の制定から約11年、法制審議会の答申から約8年5カ月を要したことになります。

「はじめに」で述べましたが、政府は、法務大臣を議長とする「成年年齢引下げを見据えた環境整備に関する関係府省庁連絡会議」(政府連絡会議)を発足させ、2018年4月16日、第1回会合を開催しています。消費者被害の防止、消費者教育の充実、消費生活相談のあり方、自立支援、貸金業における与信審査の厳格化、18歳成年法の周知、成人式のあり方、といったテーマが今後、検討されます。これらのテーマに関し、政府連絡会議は「工程表」(2018〜21年度)を作成、公表し(※)、実施する施策の進捗管理を行うこととしています。

第2回会合は同年9月3日に開催されています。同日、「成人式の時期や在り方等に関する分科会」(成人式分科会)が設置されています。引き続き、年間数回程度、開催される予定です。

※http://www.moj.go.jp/content/001256627.pdf(アクセス日・2018年11月1日)

SECTION 05

与党における検討（自由民主党）

18歳成年法案が国会に提出される前、自由民主党（与党第一党）の政務調査会には、「成年年齢に関する検討委員会」、「若年成人の教育・育成に関する特命委員会」という2つの会議体が存在していました。会合を重ねながら意見を集約し、具体的な提言を公表しています。

成年年齢に関する特命委員会

２０１５年3月5日、自由民主党政務調査会に「成年年齢に関する特命委員会」が設置されました。4月14日に初会合を開いた後、衆議院法制局、政府、学識経験者等からのヒアリング会合等を踏まえ、9月10日に「成年年齢に関する提言」をとりまとめました。同月17日に、政務調査会名で公表されており、その全文を巻末の資料編3に掲載しています。

提言とりまとめの後ですが、２０１６年5月24日、10月21日に、法務省ほか関係府省庁から、検討状況についてのヒアリングが行われています。当委員会の議論は、その後、18歳成年法案に関する政府部内の検討に大きな影響を及ぼしています。

若年成人の教育・育成に関する特命委員会

２０１６年11月、「若年成人の教育・育成に関する特命委員会」が設置されました。政府等からのヒアリング会合を踏まえ、２０１７年11月29日に「成年年齢引き下げに関する提言」をとりまとめました。18歳からおおむね22、23歳までを「若年成人」と定義し、消費者保護施策を適切に行うべき等の提言が示されています。その全文は、巻末の資料編４に掲載しています。

「皇室典範」を対象から外す事前修正

内閣が国会に法律案を提出する場合には、与党の「事前審査」（自由民主党では、政務調査会の部会、政調審議会、総務会の三段階）に付して、了承を得た上で、閣議決定を行うことが慣例となっています。18歳成年法案もその例外ではなく、国会提出の閣議決定の前にまず、自由民主党内の事前審査のプロセスに置かれました。

2018年2月8日、自由民主党政務調査会法務部会・若年成人の教育・育成に関する特命委員会・関係部会合同会議では、18歳成年法案が議題に上がりました。同会議においては、内閣がまもなく閣議決定をしようとする法案の内容に、重要な修正意見が付されています。

もともと18歳成年法案の附則では、皇室典範（昭和22年1月16日法律第3号）の改正を予定していたところ（皇室典範第22条は、天皇、皇太子、皇太孫の成年年齢を民法の特則として18歳と定めていますが、民法改正によって同条の規定が無意味になるので、削除する予定でした）、一部議員から異論が示され、改正対象から外すことになったのです。

その意図するところは定かではありませんが、天皇退位（2019年4月30日）の前に、皇室典範改正の議論が様々に波及することを敬遠したと考えられます。18歳成年法案の国会提出は、当初の予定より2週間ほど遅れました。

SECTION 06

法案の国会提出と審議

予定より2週間遅れた「提出」

18歳成年法案は２０１８年3月13日、国会に提出されました（第１９６回国会閣法第55号）。安倍内閣は元々、18歳成年法案を同年2月下旬に閣議決定し、国会に提出する段取りを組んでいましたが、自由民主党内の事前審査がスムーズに運ばず、２週間ほど遅れての提出となりました。元々の法案（原案）は、18歳成年を採用する皇室典範の関連規定の改正を含めていましたが、この点に対しての異論が出たため、撤回の上、修正するのに時間を要したためです。

法案審査は「実質1カ月」

２０１８年4月24日、衆議院本会議において法案の趣旨説明、各派による質疑が行われました。5月11日、衆議院法務委員会における法案審査が始まり、6月12日、参議院法務委員会の質疑が終局し、採決が行われました。実質的な法案審査は１カ月間にとどまりました。

審査時間の総計を見ると、衆議院法務委員会は18時間47分、参議院法務委員会は17時間30分です。この点、18歳選挙権法案（2015年）の総審査時間は、衆議院政治倫理の確立及び公職選挙法改正に関する特別委員会では6時間40分、参議院政治倫理の確立及び選挙制度に関する特別委員会では3時間であったことから、それよりは時間をかけて審査されています。

18歳成年法案の審査・審議の過程

【衆議院】

4月24日（火）本会議

・法案提出理由の説明（上川陽子法務大臣）

・対政府質疑（自民、公明、維新 ※立憲その他の野党会派欠席）

5月11日（金）法務委員会

・法案提出理由の聴取（上川法相）

・対政府質疑①

5月15日（火）法務委員会
・参考人質疑①
5月16日（水）法務委員会
・対政府質疑②
5月21日（月）法務委員会
・参考人出頭要求
5月22日（火）法務委員会
・参考人質疑②
5月25日（金）法務委員会
・対政府質疑③（終局）
・討論（反対―立憲、共産）
・採決（賛成多数、可決）
5月29日（火）本会議
・委員長報告
・討論（賛成―自民、公明、維新、反対―立憲、国民、共産）

・採決（賛成多数、可決）※起立による

【参議院】
5月30日（水）本会議
・法案提出理由の説明（上川法相）
・質疑（公明、国民、立憲、共産、維新）
5月31日（木）法務委員会
・法案提出理由の聴取（上川法相）
・対政府質疑①
6月5日（火）法務委員会
・参考人質疑①
・対政府質疑②
6月7日（木）法務委員会
・参考人質疑②
6月12日（火）法務委員会

・対政府質疑③（終局）
・討論（反対―立憲、共産、沖縄）
・採決（賛成多数、可決）
・附帯決議（全会一致、可決）
6月13日（水）本会議
・委員長報告
・採決（賛成多数、可決・成立）※投票総数238、賛成169、反対69

【内閣】
6月20日（水）
・公布（法律第59号）

コラム

「齢（よわい）」の意味

年齢の「齢」は、「よわい」と読みます。人が生まれてからの時の経過を指す言葉です。単位の長いほうから「年齢」「月齢」「日齢」がありますが、ルールの上では「年齢」が中心です。

もし、「原付バイクの免許は、生後5千日以上の者に与えることができる。」「喫煙、飲酒は、生後6千日以上の者が許される。」「衆議院議員の選挙には、生後9千日以上の者が立候補できる。」というように、「日齢」基準のルールがあふれていたら、どうなるでしょうか。履歴書の記入欄が「年齢」ではなく「日齢」だったらどうしますか。私たちは「自分が生後何日であるか」を常に把握し続けなければならず、社会生活を不便で、非効率なものにします。

生後間もない赤ちゃんは別ですが、人は成長するにつれ、月齢、日齢とは無縁になっていきます。みなさんの中で、「自分は生まれて○○日目である。」と正確に把握している方は、おそらく一人もいらっしゃらないでしょう。

ちなみに、27歳5カ月でおよそ1万日です。人生80年時代を迎えていますが、およそ3万日を生きることになります。

「年齢」とは、大ざっぱな基準でありながら、社会の中では合理的な概念であり、制度なのです。

第2章
成年年齢の引き下げ

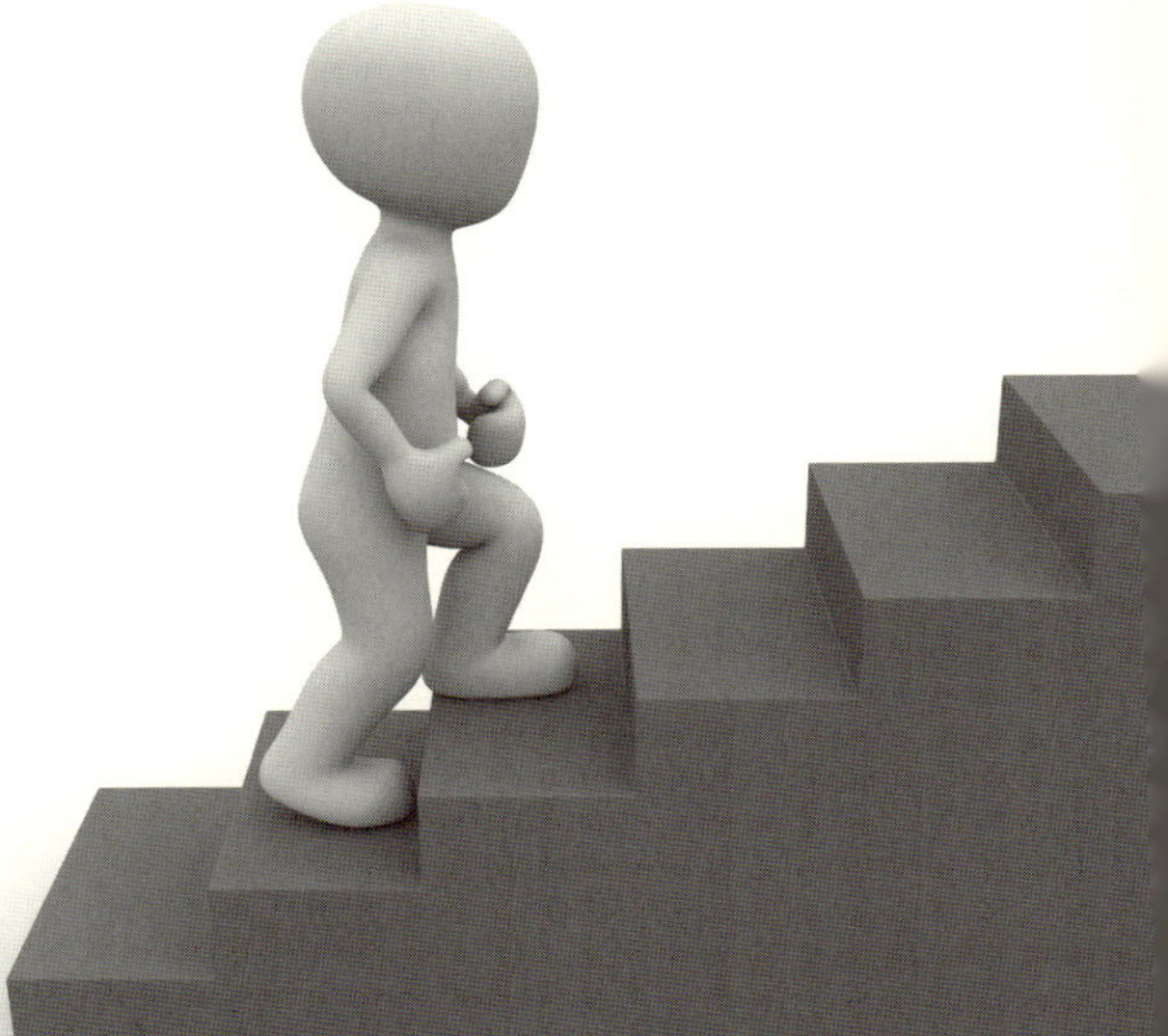

SECTION 07

18歳成年法の全体構造

本則は民法改正

18歳成年法は、本則部分と附則部分から成り立っています。その概要（要綱）は、巻末の資料編1に掲載しています。

本則部分は民法の改正です。①成年年齢の引き下げに関する改正（第4条）、②女性の婚姻適齢の引き上げに関する改正（第731条、第737条、第740条及び第753条）、③養親年齢を20歳以上のまま維持するための改正（第792条、第804条）、の3項目からなります。

附則は26カ条

附則は、第1条（施行期日）から第26条（政令への委任）まで、26カ条から成ります。

附則に定められている項目

第1条　施行期日
第2条　成年に関する経過措置
第3条　婚姻に関する経過措置
第4条　縁組に関する経過措置
第5条　恩給法等の適用に関する経過措置
第6条　未成年者喫煙禁止法の一部改正
第7条　未成年者飲酒禁止法の一部改正
第8条　児童福祉法の一部改正
第9条　児童福祉法の一部改正に伴う経過措置
第10条　競馬法等の一部改正
第11条　水先法の一部改正
第12条　国籍法の一部改正
第13条　国籍法の一部改正に伴う経過措置
第14条　社会福祉法の一部改正

政令の意義

18歳成年法附則第26条は、「この附則に規定するもののほか、この法律の施行に関し必要な経過措置は、政令で定める。」と規定しています。政令とは、内閣が定める命令です（憲法第73条第6号）。現段階で、政令事項（必要な経過措置）が具体的にまとまっているわけではありませんが、18歳成年法が施行されるまでには、必ず整備しなければなりません。

SECTION 08

一斉成年制の意義

「一斉に成年に達すること」の意味

18歳成年法附則第１条本文、第２条第２項の規定により、施行日（２０２２年４月１日）時点において18歳、19歳の者（２００２年４月２日から２００４年４月１日までの間に生まれた者）は、一斉に成年に達することになります。現在は、個々人の20歳の誕生日（当日の午前０時）に成年に達することからすれば（誕生日はそれぞれ違います）、「一斉成年」という点に違和感を覚える方も少なくないでしょう。

仮に、施行日において一斉に成年に達する措置を講じないと、どうなるでしょうか。この場合、18歳、19歳の者は「各人が施行日以後に迎える最初の誕生

先後逆転の例

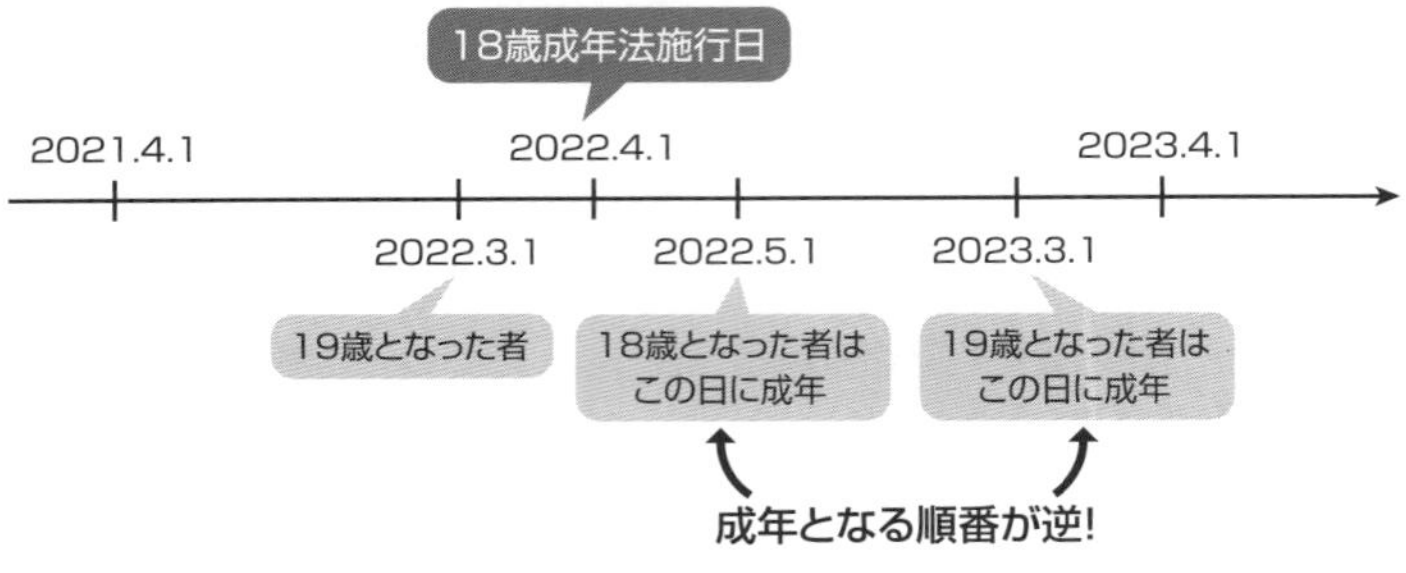

日に成年に達する」と定めざるを得ないことになります。

しかし、次のような問題が生じます。施行日の「直前」に19歳になった者は、20歳になるまで1年近く成年に達することがないのに対して、施行日の「直後」に18歳になった者は、その時点で成年に達することになります。つまり、成年到達に関する「先後逆転」が起きてしまうのです。図の例でいえば、２０２２年５月１日に18歳となった者は、その日に成年に達する一方、２０２２年３月１日に19歳となった者は、施行日を挟んで、２０２３年３月１日を迎えないと成年には達しません（それまでの間、未成年者となります）。18歳成年法は、このような不都合を避けるため、18歳、19歳の者が一斉に成年に達することと定めたのです。

SECTION 09

連動する法律① 行為能力関係

民法を中心とする私法（私人間の関係を規律する法）の分野では、行為能力（単独で完全に、契約のようないわゆる法律行為ができる能力）という概念がとくに重要です。そもそも、民法第４条が定める成年とは、完全行為能力者（成年者）と制限行為能力者（未成年者）とを画一的に区分するものです。

この行為能力の関係では、次の78本の法律に含まれる年齢条項が18歳成年法に連動し、20歳基準から18歳基準へと変わります。所管府省庁ごとに分けて、その条項一覧を示します。

【法務省】８本

○商法（明治32年３月２日法律第48号）第５条（未成年者登記）

○戸籍法（昭和22年12月22日法律第２２４号）第21条第１項本文（未成年者の分籍）

○商業登記法（昭和38年７月９日法律第１２５号）第35条等（未成年者登記）

○任意後見契約に関する法律（平成11年12月8日法律第150号）第4条（任意後見監督人選任の除外事由）
○心神喪失等の状態で重大な他害行為を行った者の医療及び観察等に関する法律（平成15年7月16日法律第110号）第23条の2（対象者の保護者となることができない者）
○裁判外紛争解決手続の利用の促進に関する法律（平成16年法律12月1日第151号）第7条（業務認証の欠格事由）
○会社法（平成17年7月26日法律第86号）第584条（持分会社の無限責任社員となることを許された未成年者）
○信託法（平成18年12月15日法律第108号）第7条（受託者資格の欠格事由）、第124条（信託管理者の欠格事由）
【法務省・厚生労働省】1本
○外国人の技能実習の適正な実施及び技能実習生の保護に関する法律（平成28年11月28日法律第89号）第10条（技能実習の認定の欠格事由）、第40条第2項（監理責任者の欠格事由）

【内閣府】１本

○民間資金等の活用による公共施設等の整備等の促進に関する法律（平成11年7月30日法律第１１７号）第９条（特定事業を実施する民間事業者の役員の欠格事由）

【公正取引委員会】１本

○私的独占の禁止及び公正取引の確保に関する法律（昭和22年４月14日法律第54号）第１０９条（臨検、捜索、差押えの際の立会人資格）

【警察庁】６本

○風俗営業等の規制及び業務の適正化等に関する法律（昭和23年7月10日法律第１２２号）第４条第１項（風俗営業の許可を受ける者の欠格事由）、第24条第２項（営業管理者の欠格事由）

○古物営業法（昭和24年5月28日法律第１０８号）第４条（古物商等の許可の欠格事由）、第13条第2項（古物商等の管理者の欠格事由）

○質屋営業法（昭和25年5月8日法律第１５８号）第３条第１項（質屋営業の許可の欠格事由）

○警備業法（昭和47年7月5日法律第１１７号）第3条（警備業の許可の欠格事由）、第22条第４項（警備員指導教育責任者の欠格事由）

○自動車運転代行業の業務の適正化に関する法律（平成13年6月20日法律第57号）第3条（自動車運転代行業の欠格事由）

○探偵業の業務の適正化に関する法律（平成18年6月8日法律第60号）第3条（探偵業の欠格事由）

【金融庁】４本

○金融商品取引法（昭和23年４月13日法律第25号）第２１７条（臨検、捜索、差押えの際の立会人資格）

○船主相互保険組合法（昭和25年5月11日法律第１７７号）第17条第１項（船主相互保険組合設立の際の発起人の欠格事由）

○貸金業法（昭和58年５月13日法律第32号）第６条第１項（貸金業の登録の欠格事由）

○保険業法（平成7年6月7日法律第１０５号）第２７９条第１項（特定保険募集人の登録の欠格事由）

【総務省】４本

○行政機関の保有する個人情報の保護に関する法律（平成15年5月30日法律第58号）第12条第2項（未成年者本人に代わる法定代理人の開示請求）、第27条第2項（未成年者本人に代わる法定代理人の訂正請求）、第36条第2項（未成年者本人に代わる法定代理人の利用停止請求）、第44条の6（行政機関非識別加工情報をその用に供して行う事業に関する提案者の欠格事由）

○独立行政法人等の保有する個人情報の保護に関する法律（平成15年5月30日法律第59号）第12条第2項（未成年者本人に代わる法定代理人の開示請求）、第27条第2項（未成年者本人に代わる法定代理人の訂正請求）、第36条第2項（未成年者本人に代わる法定代理人の利用停止請求）、第44条の6（独立行政法人等非識別加工情報をその用に供して行う事業に関する提案者の欠格事由）

○競争の導入による公共サービスの改革に関する法律（平成18年6月2日法律第51号）第10条（官民競争入札の欠格事由）

○統計法（平成19年5月23日法律第53号）第13条第3項（未成年者本人に代わって法定代理人が基幹統計調査の報告義務を負う場合）

【財務省】2本

○たばこ事業法（昭和59年8月10日法律第68号）第13条（製造たばこの特定販売業の登録の欠格事由）、第23条（製造たばこの小売販売業の許可の欠格事由）

○塩事業法（平成8年5月15日法律第39号）第7条（塩製造業の登録の欠格事由）

【文部科学省】2本

○宗教法人法（昭和26年4月3日法律第126号）第22条（役員の欠格事由）

○義務教育諸学校の教科用図書の無償措置に関する法律（昭和38年12月21日法律第182号）第18条第1項（教科用図書発行者の指定の欠格事由）

【厚生労働省】9本

○職業安定法（昭和22年11月30日法律第141号）第32条（有料職業紹介事業の許可の欠格事由）、第32条の14（職業紹介責任者の欠格事由）

○大麻取締法（昭和23年7月10日法律第124号）第5条第2項（大麻取扱者免許の欠格事由）

○精神保健及び精神障害者福祉に関する法律（昭和25年5月1日法律第123号）第33条第2項（本人に代わって医療保護入院の同意をすることができる家

族等の範囲）
○あへん法（昭和29年4月22日法律第71号）第13条（けし栽培の許可の欠格事由）
○建設労働者の雇用の改善等に関する法律（昭和51年5月27日法律第33号）第13条（未成年者を役員に含む事業主団体の欠格事由）
○労働者派遣事業の適正な運営の確保及び派遣労働者の保護等に関する法律（昭和60年7月5日法律第88号）第6条（労働者派遣事業の許可の欠格事由）、第36条（派遣元責任者の欠格事由）
○港湾労働法（昭和63年5月17日法律第40号）第13条（港湾労働者派遣事業の許可の欠格事由）
○感染症の予防及び感染症の患者に対する医療に関する法律（平成10年10月2日法律第114号）第56条の7（二種病原体等の所持の許可の欠格事由）
○児童虐待の防止等に関する法律（平成12年5月24日法律第82号）第9条の9（臨検、捜索の際の立会人の資格）
【農林水産省・経済産業省】1本
○商品先物取引法（昭和25年8月5日法律第239号）第15条第2項（会員商品取

引所の設立許可の欠格事由）

【農林水産省】2本

○家畜伝染病予防法（昭和26年5月31日法律第166号）第46条の6第2項（家畜伝染病病原体の所持許可の欠格事由）

○遊漁船業の適正化に関する法律（昭和63年12月23日法律第99号）第6条第1項（遊漁船業の登録の欠格事由）

【経済産業省】9本

○商工会議所法（昭和28年8月1日法律第143号）第35条（役員の欠格事由）

○特許法（昭和34年4月13日法律第121号）第7条第1項（未成年者の手続能力）

※特許法の規定を準用するものとして、実用新案法（昭和34年4月13日法律第123号）第2条の5第2項、意匠法（昭和34年4月13日法律第125号）第68条第2項、商標法（昭和34年4月13日法律第127号）第77条第2項、特許協力条約に基づく国際出願等に関する法律（昭和53年4月26日法律第30号）第19条第1項、工業所有権に関する手続等の特例に関する法律（平成2年6月13日法律第30号）第41条第2項が挙げられます。

○商工会法（昭和35年5月20日法律第89号）第32条第2項（役員の欠格事由）
○アルコール事業法（平成12年4月5日法律第36号）第5条（アルコール製造業の許可の欠格事由）

【経済産業省・環境省】2本
○使用済自動車の再資源化等に関する法律（平成14年7月12日法律第87号）第45条第1項（引取業者の登録の欠格事由）、第56条第1項（フロン類回収業者の登録の欠格事由）、第62条第1項（解体業許可申請者の欠格事由）
○使用済小型電子機器等の再資源化の促進に関する法律（平成24年8月10日法律第57号）第10条（再資源化事業計画の認定の欠格事由）

【国土交通省】21本
○船員法（昭和22年9月1日法律第100号）第47条第1項（船員の送還地の範囲）、第84条（船員就業に係る法定代理人の同意）
○船員職業安定法（昭和23年7月10日法律第130号）第56条（船員派遣事業の許可の欠格事由）、第76条（派遣元責任者の欠格事由）
○建設業法（昭和24年5月24日法律第100号）第8条（建設業の許可の欠格事由）

○測量法（昭和24年6月3日法律第188号）第55条の6第1項（測量業の登録の欠格事由）

○屋外広告物法（昭和24年6月3日法律第189号）第10条第2項（屋外広告業の登録の欠格事由）

○建築基準法（昭和25年5月24日法律第201号）第12条の2第2項（建築物調査員資格者の欠格事由）、第77条の19（指定確認検査機関の欠格事由）

○港湾運送事業法（昭和26年5月29日法律第161号）第6条第2項（港湾運送事業の許可の欠格事由）

○道路運送法（昭和26年6月1日法律第183号）第7条（一般旅客自動車運送事業の許可の欠格事由）、第49条第2項（自動車道事業の免許の欠格事由）、第79条の4第1項（自家用有償旅客運送の登録の欠格事由）

○道路運送車両法（昭和26年6月1日法律第185号）第80条第1項（自動車分解整備事業の認証基準）

○旅行業法（昭和27年7月18日法律第239号）第6条第1項（旅行業の登録の欠格事由）

○土地区画整理法（昭和29年5月20日法律第119号）第63条第4項（審議会委員の被選挙権の欠格事由）

○自動車ターミナル法（昭和34年4月15日法律第136号）第3条（自動車ターミナル事業の許可の欠格事由）

○小型船造船業法（昭和41年7月4日法律第119号）第7条第1項（小型船造船業の登録の欠格事由）

○鉄道事業法（昭和61年12月4日法律第92号）第6条（鉄道事業の許可の欠格事由）

○貨物自動車運送事業法（平成元年12月19日法律第83号）第5条（一般貨物自動車運送事業の許可の欠格事由）

○住宅の品質確保の促進等に関する法律（平成11年6月23日法律第81号）第8条（登録住宅性能評価機関の欠格事由）

○高齢者の居住の安定確保に関する法律（平成13年4月6日法律第26号）第8条第1項（サービス付き高齢者向け住宅事業の登録の欠格事由）、第29条（指定登録機関の欠格事由）

○住宅確保要配慮者に対する賃貸住宅の供給の促進に関する法律（平成19年7月

6日法律第112号）第11条第1項（住宅確保要配慮者円滑入居賃貸住宅事業の登録の欠格事由）、第26条（指定登録機関の欠格事由）

○民間の能力を活用した国管理空港等の運営等に関する法律（平成25年6月26日法律第67号）第14条第2項（特定地方管理空港運営者の指定等に係る法人役員の欠格事由）

○建築物のエネルギー消費性能の向上に関する法律（平成27年7月8日法律第53号）第40条（登録建築物エネルギー消費性能判定機関の登録の欠格事由）

○住宅宿泊事業法（平成29年6月16日法律第65号）第4条（住宅宿泊事業の欠格事由）、第25条第1項（住宅宿泊管理業の欠格事由）、第49条第1項（住宅宿泊仲介業の欠格事由）

【国土交通省・環境省】2本

○浄化槽法（昭和58年5月18日法律第43号）第24条第1項（浄化槽工事業に係る登録の欠格事由）、第36条（浄化槽清掃業の許可の欠格事由）

○建設工事に係る資材の再資源化等に関する法律（平成12年5月31日法律第104号）第24条第1項（解体工事業者の登録の欠格事由）

【環境省】３本

○自然公園法（昭和32年6月1日法律第１６１号）第25条第３項（指定認定機関の欠格事由）

○廃棄物の処理及び清掃に関する法律（昭和45年12月25日法律第１３７号）第７条第５項（一般廃棄物処理業の許可の欠格事由）、第14条第５項（産業廃棄物処理業の許可の欠格事由）

○土壌汚染対策法（平成14年5月29日法律第53号）第22条第３項（汚染土壌処理業の許可の欠格事由）

SECTION 10

連動する法律② 資格・免許関係

資格（業務独占、名称独占）及び免許の関係では、次の15本の法律に含まれる年齢条項が18歳成年法に連動し、20歳基準から18歳基準へと変わります。所管府省庁ごとに分けて、その条項一覧を示します。

【法務省】３本

○公証人法（明治41年４月14日法律第53号）第12条第１項（公証人の任免資格）、第34条第３項（証書作成の立会人の欠格事由）

○司法書士法（昭和25年５月22日法律第１９７号）第５条（司法書士の欠格事由）

○土地家屋調査士法（昭和25年７月31日法律第２２８号）第５条（土地家屋調査士の欠格事由）

【金融庁】１本

○公認会計士法（昭和23年７月６日法律第１０３号）第４条（公認会計士の欠格事

由）、第34条の10の10（特定社員の欠格事由）

【総務省】１本

○行政書士法（昭和26年２月22日法律第４号）第２条の２（行政書士の欠格事由）

【厚生労働省】４本

○医師法（昭和23年７月30日法律第２０１号）第３条（医師免許の欠格事由）

○歯科医師法（昭和23年７月30日法律第２０２号）第３条（歯科医師免許の欠格事由）

○薬剤師法（昭和35年８月10日法律第１４６号）第４条（薬剤師免許の欠格事由）

○社会保険労務士法（昭和43年６月３日法律第89号）第５条（社会保険労務士の欠格事由）

【農林水産省】１本

○獣医師法（昭和24年６月１日法律第１８６号）第４条（獣医師免許の欠格事由）

【国土交通省】５本

○建築士法（昭和25年５月24日法律第２０２号）第７条（建築士の欠格事由）、第10条の23（都道府県指定登録機関の欠格事由）、第23条の４第１項（建築士事務

所の登録の欠格事由）
○海事代理士法（昭和26年3月23日法律第32号）第3条（海事代理士の欠格事由）
○宅地建物取引業法（昭和27年6月10日法律第176号）第5条第1項（宅地建物取引業の免許の欠格事由）、第18条第1項（宅地建物取引士の登録の欠格事由）
○不動産の鑑定評価に関する法律（昭和38年7月16日法律第152号）第16条（不動産鑑定士の登録の欠格事由）、第25条（不動産鑑定業者の登録の欠格事由）
○マンションの管理の適正化の推進に関する法律（平成12年12月8日法律第149号）第47条（マンション管理業の登録の欠格事由）

SECTION 11

連動する法律③ 保護・健全育成関係

若年者の保護・健全育成の関係では、次の15本の法律に含まれる年齢条項が18歳成年法に連動し、20歳基準から18歳基準へと変わります。所管府省庁ごとに分けて、その条項一覧を示します。

【法務省】４本

○刑法（明治40年４月24日法律第45号）第２２４条（未成年者略取及び誘拐罪の客体）、第２２６条の２第２項（未成年者買受罪の客体）、第２４８条（準詐欺罪の客体）

○刑事訴訟法（昭和23年７月10日法律第１３１号）第37条（職権による弁護人の選任）、第１１５条本文（女子の身体捜索の際の立会人資格）、第１３１条第２項（女子の身体検査の際の立会人資格）

○特定非常災害の被害者の権利利益の保全等を図るための特別措置に関する法

律（平成8年6月14日法律第85号）第6条（相続の承認又は放棄をすべき期間の特例に関する措置）

○性同一性障害者の性別の取扱いの特例に関する法律（平成15年7月16日法律第111号）第3条第1項（未成年の子の不存在要件）

※第4章の解説で示す内容とは別です。

【内閣府】1本

○配偶者からの暴力の防止及び被害者の保護等に関する法律（平成13年6月2日法律第31号）第10条第3項（未成年の子に係る保護命令）

【総務省】4本

○恩給法（大正12年4月14日法律第48号）第73条（扶助料を受ける未成年の子の要件）

○恩給法の一部を改正する法律（昭和28年8月1日法律第155号）附則第5条等（増加恩給の扶養家族加給の要件）

○恩給法等の一部を改正する法律（昭和46年5月29日法律第81号）附則第13条等（特別疾病恩給の扶養家族加給の要件）

○恩給法等の一部を改正する法律（昭和51年6月3日法律第51号）附則第15条（未

成年の子が傷病者遺族特別年金を受給する要件）
※第４章の解説で示す内容とは別です。

【文部科学省】３本

○特別支援学校への就学奨励に関する法律（昭和29年6月1日法律第１４４号）第２条第１項（国及び都道府県の行う就学奨励の対象）

○特別支援学校の幼稚部及び高等部における学校給食に関する法律（昭和32年5月20日法律第１１８号）第5条第2項（給食運営経費の負担）

○独立行政法人日本スポーツ振興センター法（平成14年12月13日法律第１６２号）第16条第1項（災害共済給付の支給対象）

【厚生労働省】３本

○労働基準法（昭和22年4月7日法律第49号）第58条（未成年者の労働契約）、第59条（賃金の請求）、第１２１条（事業主に対する罰金刑の併科）

○母体保護法（昭和23年7月13日法律第１５６号）第３条第1項ただし書（不妊治療の同意要件）

○生活保護法（昭和25年5月4日法律第１４４号）第81条（後見人選任の請求期間）

SECTION 12

連動する法律④　税制関係

税制の関係では、財務省が所管する次の9本の法律に含まれる年齢条項が18歳成年法に連動し、20歳基準から18歳基準へと変わる予定ですが、その結論は「保留」とされています。これは、与党（自由民主党、公明党）の方針です。

平成29年度与党税制改正大綱「第三・検討事項16」において、「現在、政府において、民法における成年年齢を20歳から18歳に引き下げるとともに、他法令における行為能力や管理能力に着目した年齢要件を引き下げる方向で法改正に向けた作業を進めているところである。税制上の年齢要件については、対象者の行為能力や管理能力に着目して設けられているものであることから、民法に合わせて要件を18歳に引き下げることを基本として、法律案の内容を踏まえ実務的な観点等から検討を行い、結論を得る」とされています（同１３３頁）。18歳成年法が施行されるまでの間、すなわち２０２１年度末までに結論を得る必要があります。

【財務省】9本

○国税徴収法（昭和34年4月20日法律第１４７号）第１４４条後段（捜索立会人の要件）

○国税犯則取締法（明治33年3月17日法律第67号）第6条（捜索立会人の要件）

○関税法（昭和29年4月2日法律第61号）第１２９条（責任者等の立会い）

○税理士法（昭和26年6月15日法律第２３７号）第4条（税理士の欠格事由）

○酒税法（昭和28年2月28日法律第6号）第10条（製造免許の欠格事由）

○相続税法（昭和25年3月31日法律第73号）第19条の3（未成年者控除）

○租税特別措置法（昭和32年3月31日法律第26号）第70条の2第2項（直系尊属から住宅取得等資金の贈与を受けた場合の贈与税の非課税に係る特定受贈者の年齢要件）

○東日本大震災に被災者等に係る国税関係法律の臨時特例に関する法律（平成23年4月27日法律第29号）第38条の2第2項（東日本大震災の被災者が直系尊属から住宅取得等資金の贈与を受けた場合の贈与税の非課税に係る特定受贈者の年齢要件）

○地方税法（昭和25年7月31日法律第２２６号）第24条の５（個人の道府県民税の非課税の範囲）、第２９５条第１項（個人の市町村民税の非課税の範囲）

SECTION 13

連動する法律⑤　訴訟関係

訴訟等の関係では、次の16本の法律に含まれる年齢条項が18歳成年法に連動し、20歳基準から18歳基準へと変わります。所管府省庁ごとに分けて、その条項一覧を示します。

【法務省】15本

○民事訴訟法（平成8年6月26日法律第１０９号）第31条（未成年者の訴訟能力）

※１　民事訴訟法の規定を準用するものとして、民事執行法（昭和54年3月30日法律第４号）第20条、民事保全法（平成元年12月22日法律第91号）第46条、民事再生法（平成11年12月22日法律第２２５号）第18条、外国倒産処理手続の承認援助に関する法律（平成12年11月29日法律第１２９号）第15条、会社更生法（平成14年12月13日法律第１５４号）第13条、仲裁法（平成15年8月１日法律第１３８号）第10条、破産法（平成16年6月2日法律第75号）第13条、非

訟事件手続法（平成23年5月25日法律第51号）第10条等、家事事件手続法（平成23年5月25日法律第52号）第26条等、国際的な子の奪取の民事上の側面に関する条約の実施に関する法律（平成25年6月19日法律第48号）第53条等が挙げられます。

※2　非訟事件訴訟法の規定を準用するものとして、民事調停法（昭和26年6月9日法律第222号）第22条、民事訴訟手続に関する条約等の実施に伴う民事訴訟手続の特例等に関する法律（昭和45年6月5日法律第115号）第21条、労働審判法（平成16年5月12日法律第45号）第29条が挙げられます。

○人事訴訟法（平成15年7月16日法律第109号）第31条（婚姻関係訴訟の管轄の特例）、第35条第2項（事実調査部分の閲覧等の配慮）

【公害等調整委員会】1本

○鉱業等に係る土地利用の調整手続等に関する法律（昭和25年12月20日法律292号）第25条4項（※民事訴訟法の規定を準用）

SECTION 14

連動しない法律① 喫煙、飲酒、ギャンブル

喫煙「20歳未満禁止」は維持

18歳成年法の施行によっても、若年者の健康被害と非行を防止する観点から、20歳未満の者による喫煙は禁止されます。ただ、この場合でも、未成年者喫煙禁止法（明治33年3月7日法律第33号）という法律の題名が「未成年者」という用語を含むため、18歳成年法の施行後は「18歳未満の者の喫煙の禁止」という趣旨に理解されてしまいます。そこで、18歳成年法附則第6条は、法律の題名を「二十歳未満ノ者ノ喫煙ノ禁止ニ関スル法律」に改正する旨、定めています（明治期の法律であるため、本則に合わせて、題名もカタカナ表記が維持されます）。その他、必要な改正が行われます。

未成年者喫煙禁止法（明治33年3月7日法律第33号）	改正前	改正後
題名	未成年者喫煙禁止法	二十歳未満ノ者ノ喫煙ノ禁止ニ関スル法律
第1条、第4条及び第5条	満二十年ニ至ラザル者	二十歳未満ノ者

また、未成年者喫煙禁止法という法律の題名が改正されることに伴い、18歳成年法附則第21条は、たばこ事業法（昭和59年8月10日法律第68号）の規定について、必要な改正を行うこととしています。

たばこ事業法（昭和59年8月10日法律第68号）	改正前	改正後
第31条第9号（許可の取消し等）	未成年者喫煙禁止法	二十歳未満ノ者ノ喫煙ノ禁止ニ関スル法律
第40条第1項（広告に関する勧告等）	未成年者	二十歳未満ノ者

飲酒「20歳未満禁止」も維持

喫煙禁止と同様、18歳成年法の施行によっても、若年者の健康被害と非行を防止する観点から、20歳未満の者による飲酒も禁止されます。

この場合も、未成年者飲酒禁止法（大正11年3月30日法律第20号）という法律の題名が「未成年者」という用語を含むため、18歳成年法の施行後は「18歳未満の者の飲酒の禁止」という趣旨に理解されてしまいます。そこで、18歳成年法附則第7条は、法律の題名を「二十歳未満ノ者ノ飲酒ノ禁止ニ関スル法律」に改正する旨、定めています。その他、必要な改正が行われます。

未成年者飲酒禁止法（大正11年3月30日法律第20号）	改正前	改正後
題名	未成年者飲酒禁止法	二十歳未満ノ者ノ飲酒ノ禁止ニ関スル法律
第1条第1項、第3項及び第4項並びに第2条	満二十年ニ至ラザル者	二十歳未満ノ者

未成年者飲酒禁止法という法律の題名が改正されることに伴い、18歳成年法附則第18条は、酒税法（昭和28年2月28日法律第6号）、酒税の保全及び酒販業組合等に関する法律（昭和28年2月28日法律第7号）の規定について、必要な改正を行うこととしています。また、18歳成年法附則第10条第5号は、アルコール健康障害対策基本法（平成25年12月13日法律第１０９号）の規定について、必要な改正を行うこととしています。

	改正前	改正後
酒税法（昭和28年2月28日法律第6号）		
第10条第7号の2（製造免許等の要件）	未成年者飲酒禁止法	二十歳未満ノ者ノ飲酒ノ禁止ニ関スル法律
酒税の保全及び酒販業組合等に関する法律（昭和28年2月28日法律第7号）		
第86条の9第1項（酒類販売管理者）	未成年者飲酒禁止法	二十歳未満ノ者ノ飲酒ノ禁止ニ関スル法律
アルコール健康障害対策基本法（平成25年12月13日法律第１０９号）		
第2条（定義）	未成年者	20歳未満の者

ギャンブルも20歳から

18歳成年法の施行によっても、青少年の健全育成（ギャンブル依存を防ぐこと等）の観点から、公営ギャンブルを行うことができる年齢は20歳（以上）のまま据え置かれます。

18歳成年法附則第10条第1号から第4号まで、競馬法（昭和23年7月13日法律第

158号)、自転車競技法(昭和23年8月1日法律第209号)、小型自動車競走法(昭和25年5月27日法律第208号)及びモーターボート競争法(昭和26年6月18日法律第242号)の各法律の規定について必要な改正を行う旨、定めています。

競馬法(昭和23年7月13日法律第158号)	改正前	改正後
第28条(勝馬投票券の購入等の禁止)	未成年者	20歳未満の者
自転車競技法(昭和23年8月1日法律第209号)	改正前	改正後
第9条(車券の購入等の禁止)	未成年者	20歳未満の者
小型自動車競走法(昭和25年5月27日法律第208号)	改正前	改正後
第13条(勝車投票券の購入等の禁止)	未成年者	20歳未満の者
モーターボート競争法(昭和26年6月18日法律第242号)	改正前	改正後
第12条(舟券の購入等の禁止)	未成年者	20歳未満の者

また、スポーツ振興投票の実施に関する法律（平成10年5月20日法律第63号）第9条は、19歳未満の者がスポーツ振興投票券（ｔｏｔｏ）を購入したり、譲り受ける行為を禁止し、同法第35条は19歳未満の者に対してスポーツ振興投票券の販売等を行った者に対する罰則を定めています。

青少年の健全育成の理念の下、高校生がサッカーくじを購入することは相応しくなく、高校卒業の平均的な年齢が18歳、19歳であることに鑑み、19歳基準が採用された立法経緯があります。本法律に関しては、成年年齢引き下げの影響を受けません。

さらに、第１９６回国会（通常国会）において制定された特定複合観光施設区域整備法（平成30年7月27日法律第80号）第69条第1号の規定により、カジノ事業者は「政令で定める場合を除き、20歳未満の者をカジノ施設に入場させ、又は滞在させてはならない」とされます。カジノ施設入場年齢は、本法律で直接定められているので、成年年齢引き下げの影響を受けません。

SECTION 15

連動しない法律② 児童福祉、養親年齢

「小児慢性特定疾病児童」「成年患者」の新たな定義付け

児童福祉法（昭和22年12月12日法律第164号）第4条第1項は、児童を「満18歳に満たない者」と定義しています。他方、民法は「20歳成年」を定めていることから、これまで児童の上限年齢と成年年齢とは相異なるという前提で、児童福祉法上の各措置（観護等）が定められてきました。

それが今回、18歳成年法により、児童の上限年齢と成年年齢が一致することになります。すなわち、関係規定に関して、文言の形式的な修正を行う必要が生じます。18歳成年法附則第8条はこの趣旨で、児童福祉法の改正について定めています。

第一に、小児慢性特定疾病児童等として、①都道府県知事が指定する医療機関に通い、又は入院する小児慢性特定疾病にかかっている児童（小児慢性特定疾病児童）、②指定小児慢性特定疾病医療機関に通い、又は入院する小児慢性特定疾病にかかっている児童以外の満20歳に満たない者（成年患者）、の定義規定を置いています（児童福祉法第6条の2第2項）。関係して、小児慢性特定疾病医療費の支給に関して定める第19条の2、第19条の3、第19条の5、第19条の6及び第19条の9の一部文言が改正されます。

児童福祉法（昭和22年12月12日法律第164号）	改正前	改正後
第6条の2第2項	（新設）	この法律で、小児慢性特定疾病児童等とは、次に掲げる者をいう。 一　都道府県知事が指定する医療機関（以下「指定小児慢性特定疾病医療機関」という。）に通い、又は入院する小児慢性特定疾病にかかっている児童（以下「小児慢性特定疾病児童」という。） 二　指定小児慢性特定疾病医療機関に通い、又は入院する小児慢性特定疾病にかかっている児童以外の満20歳に満たない者（政令で定めるものに限る。以下「成年患者」という。）
同条第3項	（略）	（略）
第19条の2、第19条の3、第19条の6、第19条の9	（略）	（略）

「保護延長者」の定義

第二に、保護を延長した者について、親権を行う者がいなくなることについての規定の整理が行われます。

児童福祉法第25条の2、第31条、第33条、第33条の7、第33条の8、第33条の9、第47条、第57条の3、第57条の3の3及び第57条の4の一部文言が改正されます（改正前後の対比表は省略）。

一律「成年患者」と扱う経過措置

18歳成年法附則第9条は、児童福祉法の一部改正に伴う経過措置を定めています。すなわち、18歳成年法が施行される前に、改正前の児童福祉法の規定によりなされた認定等の処分その他の行為であって児童以外の満20歳に満たない小児慢性特定疾病児童等に係るもの又は18歳成年法の施行の際現に、改正前の児童福祉法の規定によりなされている認定等の申請その他の行為であって児童以外の満20歳に満たない小児慢性特定疾病児童等に係るものは、施行日以後における改正後の児童福祉法の適用については、改正後の相当規定により成年患者に対してなされた処分等の行為又は成年患者によりなされた申請等の行為とみなされます。

養親年齢は「20歳」のまま維持

18歳成年法はその本則で、養親年齢（養子をとることができる年齢）を20歳のまま維持する旨を規定しています。その理由付けとしては、「養子をとるということは、他人の子を法律上自己の子として育てるという相当な責任を伴うことであり、成年年齢を引き下げたとしても養親年齢を引き下げるべきではなく、また、20歳で養子をとることができるという現状で特段不都合が生じていないことからすると、現状維持とすべき」という法制審議会答申（２００９年10月28日）の内容を踏襲しています。

民法（明治29年4月27日法律第89号）	改正前	改正後
第７９２条（養親となる者の年齢）	成年	20歳
第８０４条（養親が未成年者である場合の縁組の取消し）見出し	未成年者	20歳未満の者
同条ただし書	成年	20歳

養子縁組に関する経過措置

18歳成年法附則第4条は、養子縁組に関する経過措置を定めています。すなわち、18歳成年法が施行される前にした養子縁組の取消し（養親となる者が成年に達していないことを理由とするもの）については、改正後の民法第4条（成年年齢）、第792条（養親となる者の年齢）、第804条（養親が未成年者である場合の縁組の取消し）、18歳成年法附則第2条第2項（成年に関する経過措置）の各規定にかかわらず、なお従前の例によります。

SECTION 16

未成年者を保護する施策

18歳、19歳の者が一斉に「未成年者取消権」を失う

SECTION 03で確認したとおり、政府は18歳成年法が制定される以前から、①未成年者が消費者被害に遭わないための施策、②未成年者の自立を促す施策、の双方を実現させることが、成年年齢を引き下げるための前提条件になるとの立場を維持してきました。今回、18歳を以て成年となりますが、18歳未満の者を取引主体として見放していいわけではなく、制度改正によって18歳、19歳の者が一斉に「未成年者取消権」を失うことの意味（負の効果）を、改めて確認しておかなければなりません。

未成年者取消権とは、未成年者が行った売買契約等の法律行為を、未成年であることを理由に、未成年者本人又はその法定代理人が取り消すことができる権利をいいます（民法第5条第1項第2項、第１２０条）。取消しは、裁判外で年齢だけを証明すればよく、これにより、当該法律行為は初めから無かったことになります。制限行為能力者である未成年者による法律行為を当然無効とはせずに、「取り消すことができる」と定めているところに、取引の安全(契約の相手方等の保護)に対する配慮がみられます。今回、成年年齢が18歳に引き下げられることにより、18歳、19歳の者は一斉に、未成年者取消権を失うことになります(18歳未満の者だけの権利となります)。

また、未成年者取消権は、未成年が成年に達した時から起算され、5年の消滅時効にかかります(民法第126条第1項本文)。18歳成年法の施行日(2022年4月1日)において、18歳、19歳の者が一斉に成年に達しますが、未成年である間になした法律行為に対する未成年者取消権は2027年4月1日、一斉に消滅することになります。

私法上の取引関係における18歳、19歳の者の保護施策としては、第5章で扱う消費者契約法の運用が一つの柱となります。もっとも、18歳、19歳の者の保護を全うするには、同法の適用が無い、ごく一般的な関係における配慮、措置こそ不可欠です。国会の法案審議では、18歳成年法の施行後も一定の経過措置として、取消権を例外的に認めるべきではないかとの意見も議員側から示されましたが、制度として検討されるには至っていません。18歳成年法が施行されるまでの間は、若年者に対する消費者教育を着実に進めていくことが必要です。

消費者教育推進に向けた具体的計画

消費者庁、金融庁、法務省及び文部科学省の４省庁は２０１８年2月20日、「若年者への消費者教育の推進に関するアクションプログラム」を決定しました。その内容は、次のとおりです。

1．趣旨

民法の成年年齢引下げに向けた検討が進められていることを踏まえ、若年者の消費者被害の防止・救済のため、また、自主的かつ合理的に社会の一員として行動する自立した消費者の育成のための効果的な消費者教育の方策として、実践的な消費者教育の実施が喫緊の課題となっている。成年年齢引下げを見据え、実践的な消費者教育の実施を推進するため、関係省庁が連携し、２０１８年度から２０２０年度の3年間を集中強化期間とする「若年者への消費者教育の推進に関するアクションプログラム」を推進する。

2．実践的な消費者教育の取組の推進

(1)高等学校等における消費者教育の推進

①学習指導要領の徹底(文部科学省)

・学習指導要領の趣旨の周知・徹底を図り、社会科や家庭科を中心に各教科等において充実した消費者教育を推進する(高等学校では、学習指導要領に基づき、公民科において、消費者に関する問題を指導するほか、家庭科において、消費生活の現状と課題や消費者の権利と責任、消費生活と生涯を見通した経済の計画、契約、消費者信用及びそれらをめぐる問題や消費者の自立と支援などを指導する。)。

②消費者教育教材の開発、手法の高度化(消費者庁・金融庁・法務省・文部科学省)

・実践的な能力を身に付ける消費者教育教材を活用した授業の実施を推進する。実施に当たっては、消費者庁で2016年度に作成した高校生向け消費者教育教材「社会への扉」を全国の学校に提供し、活用を促す(2017年度は、徳島県内の全高校で「社会への扉」を活用した授業を実施し、その効果を検証しており、2020年度に全国で同様の授業を実施することを目指して働きかけを行う)。

・実践的な消費者教育の推進に当たっては、法務省で行っている法教育の取組と必要な連携を行う。

・アクティブ・ラーニングの視点からの手法等（参加型授業、模擬体験）を用いた消費者教育により、実践的な知識の習得を推進する。

③実務経験者の学校教育現場での活用（消費者庁・金融庁・文部科学省）

・実務経験者（消費生活相談員、弁護士、司法書士、金融経済教育の実務者等）の有する知識や経験を活用するため、学校での外部講師としての効果的な活用を推進する（活用の推進のため、独立行政法人国民生活センター等で研修を行うなどして、消費者教育コーディネーターを育成し、都道府県等への配置を促進する。）。

④教員の養成・研修（消費者庁・文部科学省）

・若年者の消費者教育分科会においては、大学の教員養成課程、現職教員研修、教員免許更新講習等における消費者教育に関する取組について検討を行っている（平成30年6月取りまとめ予定）（※1）。その報告を受けた消費者教育推進会議における審議（平成30年夏ごろ開催予定）を踏まえ（※2）、消費者教育に関する取組を推進する。

※1 「若年者の消費者教育分科会取りまとめ」は、2018年6月29日に公表された。教職課程における消費者教育の内容の充実等を提言している。

※2 第23回消費者教育推進会議（2018年7月9日）において、①若年者の消費者教育分科会、②消費者の特性に配慮した体系的な消費者教育推進分科会、③高度情報通信ネットワーク社会に対応した消費者教育分科会の立ち上げが決定した。

(2)大学等における消費者教育の推進

①大学、専門学校等と消費生活センターとの連携、消費者被害防止に関する情報提供、取組の普及啓発等を行う。(消費者庁・文部科学省)

②大学、専門学校等と地元の消費生活センターとの連携を支援し、出前講座等を実施する。(消費者庁)

③大学における講義実施等を通じた正しい金融知識の普及(金融庁)

(3)その他

①全ての都道府県、政令指定都市において、消費者教育の推進に関する法律に基づく消費者教育推進計画・消費者教育推進地域協議会の策定・設置を目指す。(消費者庁)

②大学等及び社会教育における消費者教育の指針を見直す。(文部科学省)

3. 関係省庁間の連携の推進

実践的な消費者教育の実施を効果的に推進するため、関係省庁は本アクションプログラムに沿って緊密に連携して各種取組を進めていく。

4. 各施策の実施時期とフォローアップ

（1）上記の各施策については、いずれも各省庁が直ちに取り組むこととする。
（2）また、集中強化期間の間、各年度において、各施策の進捗状況のフォローアップを行い、本アクションプログラムの着実な実施を確保するとともに、必要な施策について検討する。その際、必要に応じて消費者教育推進会議の意見を聴く。

（以上）

（出典）若年者への消費者教育の推進に関する4省庁連絡会議決定「若年者への消費者教育の推進に関するアクションプログラム」（２０１８年2月20日）。一部の資料表記を省略した。

検討すべき課題

「若年者への消費者教育の推進に関するアクションプログラム」は、18歳成年法が施行されるまでの4カ年度（２０１８～２０２１年度）の施策を整理したものです。とくに、２０１８年度から２０２０年度の3年間は「集中強化期間」と位置付けられています。

アクションプログラムの推進に当たっては、各施策の効果（評価）を定量的に測る手法を確立することが課題です。18歳成年法案の国会審議において政府も認めていたように、消費者教育の推進に関する施策の効果を定量的に測る手法はなく、施策を着実に推進することを以て、効果が上がっていると看做さざるをえないのが現状です。この点は、政府任せにするのではなく、国会で引き続きフォローしていくことが不可欠です。

SECTION 17

未成年者の自立を促す施策

政府が、18歳成年法を整備する際の二つ目の前提条件と位置付けるのが、未成年者の自立を促す施策を実現することです。本節では、子ども・若者育成支援推進法（平成21年7月8日法律第71号）の運用と、学校教育における取り組みを検証します。

子ども・若者総合相談センターと子ども・若者支援地域協議会

子ども・若者育成支援推進法は、地方自治体が、子ども・若者育成支援に関する相談に応じ、関係機関の紹介その他の必要な情報の提供及び助言を行う拠点として「子ども・若者総合支援センター」を、そして関係機関等が行う支援を適切に組み合わせることによりその効果的かつ円滑な実施を図るため、関係機関等により構成される「子ども・若者支援地域協議会」を設置することをそれぞれ、努力義務として定めています（第13条、第19条第1項）。

この点、内閣府の公表資料によると、2018（平成30）年4月1日現在、子ども・

若者総合支援センターは全国に87か所、子ども・若者支援地域協議会を設置している自治体は116(都道府県40、政令指定都市14、市区町村62)に止まります。

一方で、不登校児童生徒数は、小学校3万448人、中学校10万3235人、高等学校4万8565人の合計18万2248人(文部科学省「平成28年度の児童生徒の問題行動・不登校等生徒指導上の諸課題に関する調査」)に上り、広義の「ひきこもり」(さまざまな要因の結果として社会的参加を回避し、原則6カ月以上にわたっておおむね家庭にとどまり続けている15歳から39歳まで)は、54万1000人(推計)に上ります(平成27年度に内閣府が実施した調査)。

要自立支援の状態にある不登校児童生徒数、広義のひきこもり者数に鑑みると、現状の態勢はあまりにもぜい弱であると言わざるを得ません。国による十分な予算措置が必要です。

若年者自立支援に関する文部科学省の対応

文部科学省は、18歳成年法が施行されるまでの間に行う、学校教育における自立支援策を次のようにまとめています。

１．キャリア教育について

○現状

若者の社会的・職業的自立に向けて必要となる能力・態度を育成するため、以下の取組みを実施。

・学校と地域や産業界との連携を深め、小学校からの起業体験、中学校の職場体験活動、高等学校におけるインターンシップを促進するなど、発達段階に応じた体系的なキャリア教育を推進。

・新学習指導要領において、キャリア教育の充実を規定するとともに、小・中・高等学校を通じてキャリア教育が体系的に推進されるよう整理。

・児童生徒が自らの学習活動の学びのプロセスを記述し、振り返ることができる教材(「キャリア・パスポート(仮称)」)の導入に向け、その活用方法等についての調査研究を実施。

○今後の対応

成年年齢の引き下げに伴う状況変化を踏まえつつ、学校におけるキャリア教育の一層の充実を図る。

2．スクールカウンセラー・スクールソーシャルワーカーについて

○現状

「ニッポン一億総活躍プラン」等において、平成31年度までに、原則として、スクールカウンセラーを全公立小中学校（27500校）に、スクールソーシャルワーカーを全ての中学校区（約1万人）に配置することとされており、平成28年度実績では、スクールカウンセラーを22036校に、スクールソーシャルワーカーを実人数で1780人配置し、児童生徒の心のケアや、児童生徒を取り巻く様々な環境に働き掛けるなどして教育相談体制の充実を図っている。

また、平成29年3月には学校教育法施行規則を改正し、両者を法令上位置付けた（※）。

○今後の対応

平成30年度予算においては、スクールカウンセラーを26700校に、スクールソーシャルワーカーを7500人配置するための必要な予算を計上しており、引き続き、教育相談体制の更なる充実のために必要な予算の確保に努める。

※学校教育法施行規則（昭和22年5月23日文部省令第11号）第65条の2（スクールカウンセラー）、第65条の3（スクールソーシャルワーカー）が追加された。

3．家庭教育支援について

○現状

子供の自立心の育成などに重要な役割を担う家庭教育を支援するため、①地域人材を中心とした家庭教育支援チームなどによる、身近な地域における家庭教育に関する学習機会の提供や、保護者への相談対応、②課題を抱えた保護者に対する訪問型家庭教育支援などの推進に取り組んでいる。

○今後の対応

今後も、厚生労働省等と連携しながら、家庭教育支援の一層の充実を図る。

4．主権者教育・法教育について

○現状

選挙権年齢については、成年年齢に先立ち平成27年6月に公職選挙法等の一部が改正され、18歳以上に引き下げられたことを踏まえ、以下の取組を実施。

・高等学校等における主権者教育を推進する観点から、総務省と連携して、平成27年以降、全ての高校生等に主権者教育に関する副教材を作成し配布

・教育委員会等と選挙管理委員会等とが連携するなどして行う学校における出

前授業や模擬選挙を推進
・大学等の入学時におけるオリエンテーション等を通じた学生への啓発活動等を実施。加えて、社会生活における法やきまりの意義等を身に付けることができるよう、法務省と連携して、副教材の作成や出前授業に関する周知等を行い、法教育を充実。
○今後の対応
今後も、総務省等と連携しながら、学校、家庭、地域が互いに連携・協働し、社会全体で子供たちの発達段階に応じた主権者教育等が実施されるよう取り組む。

（出典）成年年齢引下げを見据えた環境整備に関する関係府省庁連絡会議（第1回会合）資料8（2018年4月16日）

文部科学省は、スクールカウンセラー、スクールソーシャルワーカーの配置に精力的に取り組んでいるように見えますが、成年年齢引き下げのタイミングからすればいささか「泥縄」の対応です。

18歳成年法の施行日から逆算して考えれば、2018年度中、中学3年生である者が2021年度中に18歳に達し、2022年4月1日、一斉に成年となります。中学1・2年生である者にとっては、学校における相談体制が万全に整う頃には、すでに卒業しているという皮肉な事態が起きてしまいます。特に、要支援生徒に対するその後のフォローをどう進めるか、関係機関との十分な調整が必要です。

コラム

年齢計算のイロハ

日本では長く「数え年」の慣習がありましたが、現在は、「年齢計算ニ関スル法律（明治35年12月2日法律第50号）」に基づき、満年齢が採用されています。

その年齢計算は、①出生日（誕生日）から起算され、②起算日に当たる日の前日の午後12時（当日の午前0時と同じ）に加算される方法によります。2020年1月1日に生まれた人は、2020年12月31日午後12時、つまり2021年1月1日午前0時に満1歳となります。その後も、同様の計算によります。民法の成年をはじめ、多くの法定年齢がこの原則に従っています。

しかし、②には、例外もあります。前日の午後12時ではなく、午前0時に加算される法定年齢もあります。たとえば、選挙権年齢です。現在、投票日を基準に、18歳以上の者がその資格を得ますが、投票日の翌日までに18歳の誕生日を迎えれば、投票資格を得ます。投票日を一日過ぎると、投票のチャンスを失ったような気分にもなりますが、実務上は何ら問題ありません。

その他にも、小学校への就学義務が生じる年齢（6歳）、児童手当の対象年齢（18歳まで）、国民年金の被保険者年齢（20歳以上）なども、前日の午前0時が基準になります。運用例はありませんが、国民投票権年齢（18歳以上）も同様の扱いとなります。

第3章
婚姻適齢の統一

SECTION 18

婚姻適齢統一の背景

世界では、男女間較差がないのが通例

１８９６（明治29）年、民法の制定時には、男性、女性の婚姻適齢（婚姻可能年齢）はそれぞれ、17歳、15歳でした。戦後、民法の一部を改正する法律（昭和22年12月22日法律第２２２号）により、18歳、16歳へと一歳ずつ引き上げられた経緯があります。いずれにせよ、日本では１２０年以上の長きにわたって、男女の婚姻適齢に較差があったのが、今回初めて統一されることになります。欧米各国では、婚姻適齢について男女間の較差がないのが通例であり、アジアではインド、中国の二国が較差を設けるにとどまります。

ちなみに16歳、17歳の女性の婚姻数は、１９５５（昭和30）年で３千８１８、１９８０（昭和55）年で２千９６０、２００５（平成17）年で２千５１０、２０１０（平成22）年で１千６９８となっています。２０１６（平成28）年では、16歳、17歳の婚姻数はそれぞれ２５８、８０８となっており、徐々に減少している傾向にあります（以上、政府の人口動態調査による)。

4つの背景

婚姻適齢が定められている趣旨は、身体的、社会的、経済的に未熟な者が婚姻をすると、早期の婚姻破綻など若年者の福祉に反する事態を招くことから、若年者保護の観点からその婚姻を禁ずることにあります。婚姻することは、夫婦として独立の家庭を設け、家族生活を営むことに他ならず、夫婦として社会生活を営むことができる必要最低限の成熟度に達する必要があります。

その上で今回、成年年齢の引き下げに合わせて、女性の婚姻適齢を引き上げ、統一したことには、次のような背景があります。

第一に、婚姻適齢に関しては、精神的、身体的成熟度よりも、社会的、経済的成熟度を重視すべきである、という考え方が定着してきたことです。社会的、経済的成熟度の観点に立てば、そもそも男性、女性の間に差異はなく、制度上の較差を設けるべきではないからです。

第二に、18歳成年が実現した場合、男性は成年年齢と婚姻適齢が一致することになる一方、女性は成年年齢と婚姻適齢が一致しないことになります。16歳、17歳の女性は未成年者として扱われ、婚姻には父母の同意が必要となってしまい（民法第737条）、この点で男女間の不平等が生じてしまいます。

第三に、18歳成年が実現した場合、婚姻による成年擬制の規定（民法第753条）は、男性にとっては無意味となる一方、16歳、17歳の女性だけに適用されることになってしまいます。18歳成年の実現により、男女間の不平等がより際立つことになります。

第四に、直近の契機として、国連女子差別撤廃委員会（ＣＥＤＡＷ）が2016年3月、日本政府に対し、民法を遅滞なく改正し、女性の婚姻適齢を男性と同じ18歳に引き上げるべきと、勧告を行ったことです。

18歳成年法による改正内容

18歳成年法は、婚姻適齢統一のため、次の3つの条文改正を本則で定めています。

第731条で婚姻適齢が統一され、かつ成年年齢と一致することで、第737条（父母の同意）、第753条（成年擬制）の規定が無意味になるので、いずれも削除されます。

民法（明治29年4月27日法律第89号）	改正前	改正後
第731条（婚姻適齢）	男は、18歳に、女は、16歳にならなければ、婚姻をすることができない。	婚姻は、18歳にならなければ、することができない。
第737条（父母の同意）	（第1項）未成年の子が婚姻をするには、父母の同意を得なければならない。 （第2項）父母の一方が同意しないときは、他の一方の同意だけで足りる。父母の一方が知れないとき、死亡したとき、又はその意思を表示することができないときも、同様とする。	（削除）
第753条（成年擬制）	未成年者が婚姻をしたときは、これによって成年に達したものとみなす。	（削除）

SECTION 19

政府における検討（法制審議会）

平成8年答申が初出

婚姻適齢の統一は、成年年齢の引き下げの議論の後、初めて出てきた議論だと思われるかもしれませんが、政府としての「結論」は、はるか以前に確定しています。

１９９６（平成８）年2月26日、法制審議会答申「民法の一部を改正する法律案要綱」の「第一　婚姻の成立」では、「婚姻は、満18歳にならなければ、これをすることができないものとする。」とまとめています。

そして、第1章のＳＥＣＴＩＯＮ 04でも取り上げた、法制審議会民法成年年齢部会「民法の成年年齢の引下げについての最終報告書」（２００９年7月29日）では、男女の婚姻適齢を18歳で統一すべき旨、次のような見解をまとめています。

> 現在の民法においては、婚姻適齢は男子は18歳、女子は16歳とされており、未成年者は父母の同意を得て婚姻をすることができるとされている（民法第７３１

条、第737条)。民法の成年年齢を18歳に引き下げた場合、男子は成年にならなければ婚姻することができないのに対し、女子は未成年(16歳、17歳)でも親の同意を得れば婚姻をすることができることになる。

そこで、民法の成年年齢を18歳に引き下げた場合、婚姻適齢について、現状のまま(男子18歳、女子16歳)とするか(X案)、男女とも18歳にそろえるか(Y案)、男女とも16歳にそろえるか(Z案)について議論を行ったところ、婚姻適齢については、以前、法制審議会において検討を行い、男女とも婚姻適齢を18歳にすべきであるという答申を出しており、これを変更すべき特段の事情は存しないことから、男女とも18歳にそろえるべきである(Y案)という結論に達した。

したがって、民法の成年年齢を引き下げる場合には、婚姻適齢については男女とも18歳とすべきである。

(引用)法制審議会民法成年年齢部会「民法の成年年齢の引下げについての最終報告書」(2009年7月29日)23〜24頁。

この最終報告書は、法制審議会答申「民法の成年年齢の引下げについての意見」(2009年10月28日)にそのまま添付されています。婚姻適齢の統一は、政府の一貫した方針です。

SECTION 20

婚姻に関する経過措置

3つの経過措置

18歳成年法はその附則で、婚姻に関する経過措置を定めています。

第一に、18歳成年法が施行される前に婚姻をし、改正（削除）前の民法第753条の規定により成年に達した者とみなされた者については、18歳成年法の施行後も、なお従前の例により、当該婚姻の時に成年に達したものとみなされます（18歳成年法附則第2条第3項）。

第二に、18歳成年法が施行される前に行った婚姻の取消し（女性が適齢に達していないことを理由とするもの）については、改正後の民法第731条（婚姻適齢）、同法第745条（不適齢者の婚姻の取消し）の規定にかかわらず、なお従前の例（女性の婚姻適齢＝16歳）によります（18歳成年法附則第3条第1項）。

第三に、18歳成年法の施行の際に、16歳以上18歳未満である女性は、改正後の婚姻適齢（18歳以上）にかかわらず、婚姻をすることができます（18歳成年法附則第3条第

2項）。

このような規定を設けたのは、施行の際に16歳に達していた女性については、その時点ですでに婚姻適齢にあり、18歳に達する日よりも前に婚姻することを予定している者もいると想定されるためです。具体的には、2004年4月2日から2006年4月1日までの間に生まれた女性が、2022年4月1日以降も16歳以上18歳未満で婚姻可能ということになります。

なお、この場合、改正前の民法第737条（父母の同意）、第740条（婚姻の届出の受理）、第753条（成年擬制）の規定は、なおその効力を有します（18歳成年法附則第3条第3項）。

SECTION 21

婚姻に関する今後の課題

婚姻適齢の適用除外

18歳成年法によって婚姻適齢は統一されますが、婚姻適齢に至らない18歳未満の者が妊娠をし、家庭裁判所がその者の婚姻を適当と認める場合には、例外的に18歳未満の者の婚姻を認めるべきではないかという「適用除外論」が、かねてより主張されています。婚姻関係にないまま生まれた子は「嫡出でない子」となり、母親の単独親権となります（民法第790条第2項）。これが子の福祉にとって必ずしも適切とはいえないことから、制度上の例外を設けようという主張です。

しかし、政府内では、①低い年齢での婚姻を認めると、一般的に早期の婚姻破綻につながりやすく、かえって当事者の利益を損なうこと、②家庭裁判所が、問題となる当事者に関して、婚姻を認めるに足りる事情を判断する手続きが必要となるところ、そのための合理的な判断基準を設けることが困難であることを根拠に、否定的に解されています。

諸外国では、アメリカ(州法による)、ドイツ、フランス、イタリア、オーストラリア、ノルウェー、フィンランドなどで、適用除外が認められています。日本でも婚姻適齢の統一を契機に、改めて議論すべきです。

妊娠した生徒に対する配慮

婚姻適齢の統一によって、高校生の妊娠、出産が増えるとはいえませんが、妊娠した生徒への対応は、その子の利益も踏まえ、適切に行う必要があります。

この点、2016年6月、京都府立の高校において、妊娠中の女子生徒に対して学校側が休学と通信制への転籍を勧め、卒業するためには体育の実技が必要だと説明した事案が報道されました。賛否様々な議論が起きましたが、「①若年妊娠者の高校中退→②将来の非正規雇用リスクの発生→③子どもの貧困」という負の連鎖が生じないよう、いわゆる「妊娠中退」をゼロにするために、政治・行政が一丸となって対策を講じるべきとの意見が国会内でも強くなりました。そんな中、政府(文部科学省)は2018年3月29日、各学校において妊娠した生徒に対し適切な対応を取るべく、都道府県の教育委員会等に対して通知を発出しています(以下、その概要を示します)。

1　妊娠した生徒の学業の継続に向けた考え方

○生徒が妊娠した場合には、関係者間で十分に話し合い、母体の保護を最優先としつつ、教育上必要な配慮を行うべきものであること。

○生徒に学業継続の意思がある場合には、教育的な指導を行いつつ、安易に退学処分や事実上の退学勧告等の対処は行わないという対応も十分考えられること。

○当該生徒の希望に応じ、当該学校で学業を継続することのほか、学業の継続を前提として、転学等を支援することも考えられること。

○妊娠した生徒が退学を申し出た場合には、当該生徒や保護者の意思を十分確認することが大切であるとともに、退学以外に転学等学業を継続するための様々な方策があり得ることについて必要な情報提供を行うこと。

2　妊娠した生徒に対する具体的な支援の在り方

○妊娠した生徒が引き続き学業を継続する場合は、当該生徒及び保護者と話し合いを行い、当該生徒の状況やニーズも踏まえながら、学校として養護教諭やスクールカウンセラー等も含めた十分な支援を行う必要があること。
○体育実技等、身体活動を伴う教育活動においては、当該生徒の安全確保の観点から工夫を図った教育活動を行ったり、課題レポート等の提出や見学で代替するなど母体に影響を与えないような対応も考えられること。
○妊娠を理由として退学をせざるを得ないような場合であっても、
・再び高等学校等で学ぶことを希望する者に対しては、高等学校等就学支援金等による支援の対象となり得ることや、高等学校卒業程度認定試験があること
・就労を希望する者や将来の求職活動が見込まれる者等に対しては、ハローワーク及び地域若者サポートステーション等の就労支援機関があることなどについて、当該生徒の進路に応じた必要な情報提供を行うこと。
○各教育委員会においては、妊娠を理由として過去に高等学校等を退学した者についても、これらの関係機関と連携しつつ、学習相談等の効果的な支援の実施を推進すること。

3　日常的な指導の実施

学習指導要領に基づき、生徒が性に関して正しく理解し適切な行動をとることができるよう性に関する指導を保健体育科、特別活動で行うなど、学校教育活動全体を通じて必要な指導を行うこと。

（出典）「公立の高等学校における妊娠を理由とした退学等に係る実態把握の結果等を踏まえた妊娠した生徒への対応等について（通知）」（２０１８年3月29日付、29初児生第１７９１号、児童生徒課長、健康教育・食育課長連名）

本通知は発出されたばかりであり、内容の実践はこれからですが、妊娠した生徒の学業、進路選択等に支障が生じることがないよう、十分な教育上の配慮が必要です。なお、文部科学省の前記調査によれば、２０１５（平成27）年4月1日から２０１７（平成29）年3月31日までの間（平成27・28年度）に、高校が妊娠の事実を把握した数（生徒数）は、全日制で1千6名、定時制で1千92名、計2千98名に上ります。SECTION18で、16歳、17歳の婚姻数は減少傾向にあることを指摘しましたが、妊娠生徒数は必ずしも少ないとはいえない現状にあります。こうした現状を踏まえ、いつ何時でも具体的な支援が講じられる態勢を整えておく必要があります。

コラム

未成年者が、選挙で一票？

　選挙権年齢を20歳以上から18歳以上に引き下げる18歳選挙権法は、第24回参議院議員通常選挙（2016年7月10日執行）より適用されました。この選挙では18歳、19歳の者が国政選挙で初めて選挙権を行使する機会となりましたが、同時に、戦後史上初めて、選挙権年齢と成年年齢との間に「較差」が生じる事態にもなったのです。18歳成年法が施行される2022年4月1日まで、2歳の年齢較差は埋まりません。まさに過渡期の6年間となります。

　18歳選挙権法は、公職選挙法を改正し、18歳、19歳の者による選挙運動を容認しました。18歳であれば、高校3年生でも選挙運動のボランティアができるようになったのです。放課後や休日等の時間を利用して、選挙期間中、街頭演説の場所でビラを配ったり、投票の呼びかけをしたり、選挙事務所で事務的な作業をすることなど様々です。

　しかし、この選挙ボランティアは、あくまで当該選挙の候補者との契約に基づくものです。両者は準委任契約（民法第656条）上の当事者としての地位にあります。この際、候補者の側から「親の同意」を求められなければ問題ありませんが、もし、求められ、その同意が得られなければ、その高校3年生はボランティア活動を行うことはできません。民法上は、未成年者であるからです。他方、SNS等を利用した選挙運動は、単独で行う限り、契約レベルの問題は生じません。たった2歳の較差ですが、悩ましい問題です。

第4章
民法にあわせて改正された法律

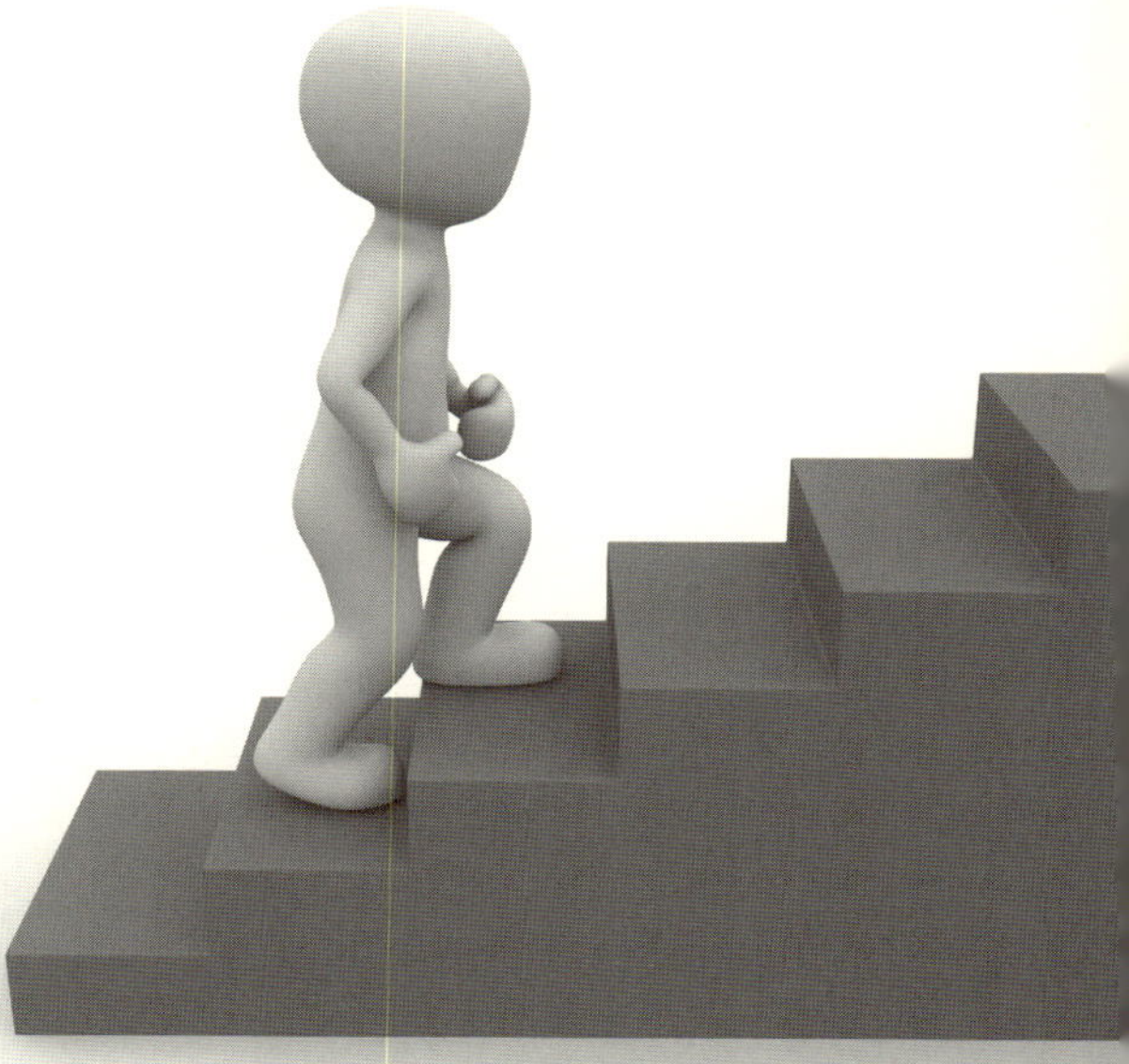

SECTION 22

国籍法

18歳成年法附則第12条は、国籍法（昭和25年5月4日法律第147号）の改正について定めています。いずれも、成年年齢引き下げに連動する内容です。

国籍法（昭和25年5月4日法律第147号）	改正前	改正後
第3条第1項（認知された子の国籍の取得）	父又は母が認知した子で20歳未満のもの	父又は母が認知した子で18歳未満のもの
第5条第1項第2号（同）	20歳以上で本国法によって行為能力を有すること。	18歳以上で本国法によって行為能力を有すること。
第14条第1項（国籍の選択）	外国及び日本の国籍を有することとなった時が20歳に達する以前であるときは22歳に達するまでに、その時が20歳に達した後であるときはその時から2年以内に、	外国及び日本の国籍を有することとなった時が18歳に達する以前であるときは20歳に達するまでに、その時が18歳に達した後であるときはその時から2年以内に、
第17条（国籍の再取得）	第12条の規定により日本の国籍を失った者で20歳未満のものは、	第12条の規定により日本の国籍を失った者で18歳未満のものは、

国籍法第3条第1項は、日本人の父母に認知された子が、法務大臣への届出により日本国籍を取得するための年齢要件を、成年年齢と同じ趣旨で定めています。

同法第5条第1項第2号は、外国人が帰化することができる年齢要件を、成年年齢と同じ趣旨で定めています。

同法第14条第1項は、外国の国籍を有する日本国民（重国籍者）の国籍の選択に関して、外国及び日本の国籍を有することとなったときが成年に達する前には成年に達するまでに、成年に達した以後はその時から2年以内に、それぞれ熟慮期間を与えています。

同法第17条は、国籍の留保をすることなく日本国籍を失った者が、法務大臣への届出により日本国籍を再取得するための年齢要件を、成年年齢と同じ趣旨で定めています。

経過措置

18歳成年法附則第13条第1項から第4項までは、国籍法の改正に伴う経過措置を定めています。

第一に、18歳成年法の施行の際、父又は母が認知した子で16歳以上のものは、改正後の国籍法第3条第1項の規定（父又は母が認知した子で18歳未満のもの）にかかわらず、施行日から2年以内に限り、なお従前の例により日本の国籍を取得することができます（附則第13条第1項）。

第二に、改正後の国籍法第14条第1項の規定は、施行日以後に外国の国籍を有する日本国民となった者又は18歳成年法の施行の際に外国の国籍を有する日本国民で20歳以上のものの国籍の選択については、なお従前の例によります（附則第13条第2項）。

第三に、18歳成年法の施行の際に外国の国籍を有する日本国民で18歳以上20歳未満のものは、改正後の国籍法第14条第1項の規定の適用については、18歳成年法の施行の時に外国及び日本の国籍を有することとなったものとみなされます（附則第13条第3項）。

第四に、18歳成年法の施行の際に国籍法第12条の規定により日本国籍を失っていた者で16歳以上のものは、改正後の国籍法第17条第1項の規定にかかわらず、施行日から2年以内に限り、なお従前の例により日本の国籍を取得することができます（附則第14条第4項）。

SECTION 23

性同一性障害者の性別の取扱いの特例に関する法律

18歳成年法附則第15条第4号は、性同一性障害者の性別の取扱いの特例に関する法律（平成15年7月16日法律第111号）の改正について定めています。成年年齢引き下げに連動する内容です。

性同一性障害者の性別の取扱いの特例に関する法律（平成15年7月16日法律第111号）	改正前	改正後
第3条第1項第1号（性別の取扱いの変更の審判）	20歳以上であること	18歳以上であること

性同一性障害者の性別の取扱いの特例に関する法律第3条第1項第1号は、成年年齢を前提に、家庭裁判所に性別の取扱いの変更の審判を請求するための年齢要件を定めています。

経過措置

18歳成年法附則第17条は、性同一性障害者の性別の取扱いの特例に関する法律の改正に伴う経過措置を定めています。

すなわち、18歳成年法の施行日前にされた性同一性障害者の性別の取扱いの変更の審判の請求に係る事件については、改正後の性同一性障害者の性別の取扱いの特例に関する法律第3条第1項の規定にかかわらず、なお従前の例によります。

SECTION 24

社会福祉法

18歳成年法附則第14条は、社会福祉法（昭和26年3月29日法律第45号）の改正について定めています。成年年齢引き下げに連動する内容です。

社会福祉法（昭和26年3月29日法律第45号）	改正前	改正後
19条1項（社会福祉主事の資格等）	年齢20年以上の者であって	年齢18年以上の者であって

社会福祉法第19条第1項は、成年年齢を前提に、社会福祉主事の年齢要件を定めています。

SECTION 25

水先法

18歳成年法附則第11条は、水先法（昭和24年5月30日法律第121号）の改正について定めています。いずれも、成年年齢引き下げに連動する内容です。

水先法（昭和24年5月30日法律第121号）	改正前	改正後
第15条第1項第2号イ（水先人養成施設の講師）	20歳以上であること	18歳以上であること
第30条第1項第2号イ（水先免許講習の講師）	20歳以上であること	18歳以上であること

水先法第15条第1項第2号イは、水先人養成施設の講師の年齢要件を、成年年齢と同じ趣旨で定めています。同法第30条第1項第2号イは、水先免許講習の講師の年齢要件を、成年年齢と同じ趣旨で定めています。改正後の規定はいずれも、18歳に満たない者を普通免許の欠格事由とする教育職員免許法（昭和24年5月31日法律第147号）第5条第1項第1号の内容・趣旨と一致することになります。

SECTION 26

船舶職員及び小型船舶操縦者法

18歳成年法附則第15条第1号は、船舶職員及び小型船舶操縦者法（昭和26年4月16日法律第149号）の改正について定めています。成年年齢引き下げに連動する内容です。

船舶職員及び小型船舶操縦者法（昭和26年4月16日法律第149号）	改正前	改正後
別表第一（第17条の2関係）	20歳以上であること	18歳以上であること
別表第二（第17条の17関係）		
別表第三（第17条の19関係）		
別表第四（第23条の26関係）		
別表第五（第23条の30関係）		

船舶職員及び小型船舶操縦者法の別表第一は、海技免許講習の講師の年齢要件を成年年齢と同じ趣旨で定めています。

同法の別表第二は、海技免状更新講習の講師の年齢要件を成年年齢と同じ趣旨で定めています。

同法の別表第三は、船舶職員養成施設の講師の年齢要件を成年年齢と同じ趣旨で定めています。

同法の別表第四は、小型船舶教習所の講師の年齢要件を成年年齢と同じ趣旨で定めています。

同法の別表第五は、登録操縦免許証更新講習等の講師の年齢要件を成年年齢と同じ趣旨で定めています。

SECTION 27

船舶安全法及び船舶職員法の一部を改正する法律

18歳成年法附則第15条第3号は、船舶安全法及び船舶職員法の一部を改正する法律（平成3年5月15日法律第75号）の改正について定めています。成年年齢引き下げに連動する内容です。

船舶安全法及び船舶職員法の一部を改正する法律（平成3年5月15日法律第75号）	改正前	改正後
別表（附則第6条関係）	20歳以上であること	18歳以上であること

船舶安全法及び船舶職員法の一部を改正する法律・別表は、電子通信移行講習等の講師の年齢要件を成年年齢と同じ趣旨で定めています。

SECTION 28

旅券法

18歳成年法附則第15条第2号は、旅券法（昭和26年11月28日法律第２６７号）の改正について定めています。成年年齢引き下げに連動する内容です。

旅券法（昭和26年11月28日法律第２６７号）	改正前	改正後
第5条第1項第2号（一般旅券の発行）	20歳未満の者である場合	18歳未満の者である場合

旅券法の一部を改正する法律（平成7年3月8日法律第23号）により、有効期間が10年の一般旅券の制度が導入されましたが、20歳未満の者は10年の有効期間のうちにその容貌が著しく変化するため、短い有効期間（5年）によることとされています。成年年齢と同じ趣旨で定められています。

経過措置

18歳成年法附則第16条は、旅券法の改正に伴う経過措置を定めています。すなわち、18歳成年法の施行日前にされた旅券の発給に係る処分については、改正後の旅券法第5条第1項第2号の規定にかかわらず、なお従前の例によります。

SECTION 29

公職選挙法等の一部を改正する法律（18歳選挙権法）

18歳成年法附則第24条は、18歳選挙権法（平成27年6月19日法律第85号）の改正について定めています。

18歳選挙権法（平成27年6月19日法律第85号）	改正前	改正後
附則第8条（民生委員法の適用の特例）	民生委員法第6条第1項の規定の適用については、当分の間、同項中「有する者」とあるのは、「有する者であって成年に達した者」とする。	（削除）
附則第9条（人権擁護委員法の適用の特例）	人権擁護委員法第6条第3項の規定の適用については、当分の間、同項中「住民」とあるのは、「住民であって成年に達した者」とする。	（削除）

18歳選挙権法附則第8条は民生委員の被推薦者資格について、同附則第9条は人権擁護委員の候補者資格についてそれぞれ、選挙権年齢と連動しつつも、当分の間「成年に達した」ことを要件と定めていました。成年年齢の引き下げにより、これらの規定が無意味になるため、削除されます。

SECTION 30

恩給法等の一部を改正する法律

18歳成年法附則第19条は、恩給法等の一部を改正する法律（昭和51年6月3日法律第51号）の改正について定めています。成年年齢引き下げに連動する内容です。

恩給法等の一部を改正する法律（昭和51年6月3日法律第51号）	改正前	改正後
附則第14条第1項第1号	扶養遺族である子（18歳以上20歳未満の子にあっては重度障害の状態にある者に限る。）が2人以上いる場合　26万7千5百円	傍線部を削除
附則第14条第1項第2号	扶養遺族である子（前号に規定する子に限る。）が1人ある場合　15万2千8百円	傍線部を削除

恩給法等の一部を改正する法律附則第14条第1項は、普通扶助料（普通恩給の受給

者の遺族に支給される恩給）に係る寡婦加算について、旧軍人等の妻に18歳未満の子がある場合に付加しつつ、18歳以上であっても重度障害の子がある場合に付加する旨を定めています（扶助料年額加算特例）。成年年齢が18歳に引き下げられることにより、扶養遺族の子も18歳未満であることが要件となります。

経過措置

18歳成年法附則第20条は、恩給法等の一部を改正する法律の改正に関して、経過措置を定めています。

すなわち、18歳成年法の施行日の前日（2022年3月31日）において、恩給法第75条第1項第1号に規定する扶助料加算の原因となる未成年の子がいる場合には、施行後も引き続き、「20歳未満の子」が対象となります。

また、18歳成年法附則第5条は同様の趣旨で、

①施行日の前日において恩給法（大正12年4月14日法律第48号）第46条第1項から第3項までの規定による増加恩給について同法第65条第2項から第5項ま

での規定による加給の原因となる未成年の子がある場合における当該子、
②施行日の前日において恩給法第73条第1項の規定による扶助料について同法第75条第2項及び第3項の規定による加給の原因となる未成年の子がある場合における当該子、
③施行日の前日において恩給法の一部を改正する法律（昭和28年8月1日法律第155号）附則第22条第1項の規定による増加恩給について同条第3項ただし書において準用する恩給法第65条第2項から第5項までの規定による加給の原因となる未成年の子がある場合における当該子、
④施行日の前日において恩給法等の一部を改正する法律（昭和46年5月29日法律第81号）附則第13条第1項の規定による特例傷病恩給について同条3項の規定による加給の原因となる未成年の子がある場合における当該子、
⑤施行日の前日において未成年の子について給与事由が生じている恩給法第73条第1項の規定による扶助料に係る当該子に対する同項並びに同法第74条及び第80条第1項の規定の適用、
⑥施行日の前日において未成年の子について給与事由が生じている恩給法等の

一部を改正する法律（昭和51年6月3日法律第51号）附則第15条第1項・第5項の規定による傷病者遺族特別年金に係る当該子に対する同条第6項において準用する恩給法第73条第1項、第74条及び第80条第1項の規定の適用、

について それぞれ、「未成年の子」を「20歳未満の子」と、「成年の子」を「20歳以上の子」と読み替える規定を置いています。

SECTION 31

児童虐待の防止等に関する法律

18歳成年法附則第22条は、児童虐待の防止等に関する法律（平成12年5月24日法律第82号）の改正について定めています。成年年齢の引き下げに連動する内容です。

児童虐待の防止等に関する法律（平成12年5月24日法律第82号）	改正前	改正後
第16条（延長者等の特例）	（第1項）児童福祉法第31条第4項に規定する延長者、延長者の親権を行う者、未成年後見人その他の者で、延長者を現に監護する者及び延長者の監護者がその監護する延長者について行う次に掲げる行為については、延長者を児童と、延長者の監護者を保護者と、延長者虐待を児童虐待と、同法第31条第2項から第4項までの規定による措置を同法第27条第1項1号から第3号まで又は第2項の規定による措置とみなして、第11条第1項から第3項まで及び第5項、第12条の4並びに第13条1項の規定を適用する。 第一号から第四号（略）	全文を削除

第16条（延長者等の特例）
（第2項）延長者又は児童福祉法第33条第10項に規定する保護延長者、延長者等の親権を行う者、未成年後見人その他の者で、延長者等を現に監護する者及び延長者等の監護者がその監護する延長者等について行う次に掲げる行為については、延長者等を児童と、延長者等の監護者を保護者と、延長者等虐待を児童虐待と、同法第31条第2項から第4項までの規定による措置を同法第27条第1項第1号から第3号まで又は第2項の規定による措置と、同法第33条第8項から第11項までの規定による一時保護を同条第1項又は第2項の規定による一時保護とみなして、第11条第4項、第12条から第12条の3まで、第13条第2項から第4項まで、第13条の2、第13条の4及び第13条の5の規定を適用する。 第一号から第四号（略）
全文を削除

児童虐待の防止等に関する法律第16条は、児童福祉法第4条が定める延長者、同法第33条第10項が定める保護延長者に対する虐待を「児童虐待」とみなす等の特例を定めています。成年年齢が18歳に引き下げられることにより、児童の上限年齢と成年年齢が一致し、本条の規定が無意味となるので、削除されます。

SECTION 32

インターネット異性紹介事業を利用して児童を誘引する行為の規制等に関する法律

18歳成年法附則第23条は、インターネット異性紹介事業を利用して児童を誘引する行為の規制等に関する法律（平成15年6月13日法律第83号、いわゆる出会い系サイト規制法）の改正を定めています。成年年齢の引き下げに連動する内容です。

インターネット異性紹介事業を利用して児童を誘引する行為の規制等に関する法律（平成15年6月13日法律第83号）	第8条第5号（欠格事由）
改正前	未成年者（児童でない未成年者にあっては、営業に関し成年者と同一の行為能力を有する者並びにインターネット異性紹介事業者の相続人でその法定代理人が前各号及び次号のいずれにも該当しないものを除く。）
改正後	未成年者

インターネット異性紹介事業を利用して児童を誘引する行為の規制等に関する法律第8条は、インターネット異性紹介事業を行う者の欠格事由を定めています。同条第5号は「未成年者」を挙げています。括弧書きのところで「児童でない未成年者」という概念が出てきますが、成年年齢が18歳に引き下げられることにより児童の上限年齢と一致するため（同法第2条第1号）、この箇所が無意味となり、削除されます。

コラム

「力石」持ち上げたら一人前！

力石とは、力試しに用いられる、大きい石のことで、格別に大きいものは「大盤石」と呼ばれます。埼玉県桶川市の稲荷神社に奉納されている大盤石（市指定文化財）は、長さ1m25cm、幅75cm、重さはなんと610kgもあります（写真）。地元・越谷出身の三ノ宮卯之助（1807 ～ 55年）は45歳のとき、この大盤石を持ち上げた（実際の方法は足受け?）と言い伝えられています。当時、江戸の町では、祭りや見世物の際の興行として、力石を持ち上げることが流行っていました。各地の大名は、藩の威信を賭けて競っていたといいます。卯之助は、若くして頭角を現し、「江戸一番の力持ち」との評判でした。

社会人類学者・江守五夫博士（1929 ～ 2016年）によると、近代以前の村落において、青年男子が集団の構成員として承認されるためには、一定の年齢に達したことではなく、その戦闘能力、労働能力を十分に具備していることが要求されました。力石を担がせることは元々、その能力を判定するための試練の一つだったのです。

※稲荷神社（埼玉県桶川市）の大盤石（筆者撮影）

第5章

消費者契約法の改正

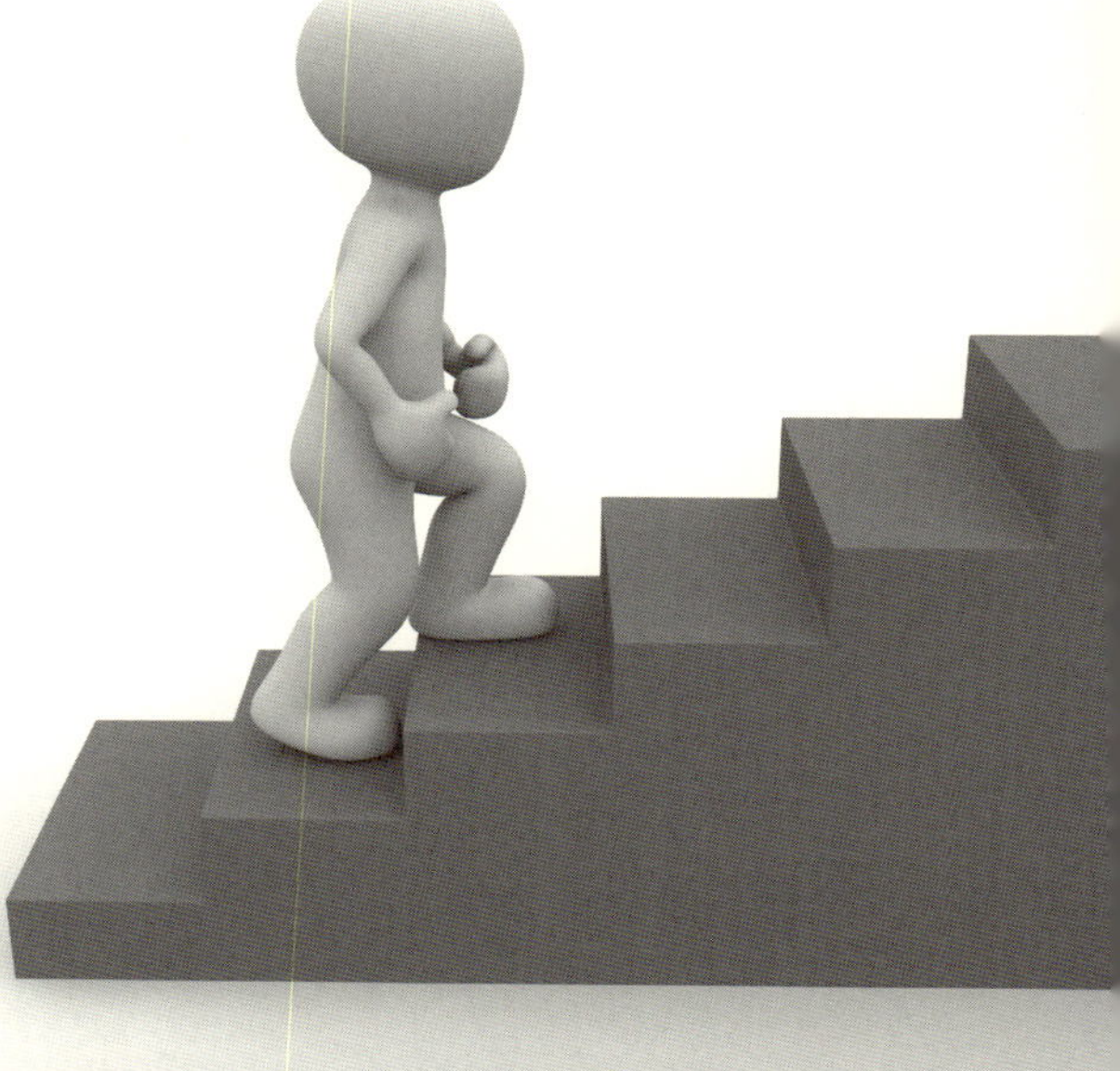

改正法の概要

同じ時期に整備された、改正消費者契約法

「はじめに」で触れましたが、18歳成年法とほぼ時期を同じくして、消費者契約法の改正が行われました（平成30年6月15日法律第54号）。公布の日から起算して1年が経過した日、すなわち2019（平成31）年6月15日に施行されます。

衆議院、参議院の消費者問題特別委員会における法案の審査時間はそれぞれ、約10時間、約7時間と、18歳成年法案よりは短く済んでしまいましたが、法務委員会で審査が並行している18歳成年法案が絶えず意識され、「消費者としての若年者保護」をメインテーマに、各論の深掘りが行われました。

改正消費者契約法案は元々、内閣が提出したものですが（第196回国会閣法第31号）、衆議院段階で与野党7会派共同による修正が行われ、その内容を以て参議院で可決、成立した経緯をたどっています。次に、その概要を示します（内閣提出法案の原案、議員の修正案の内容を合わせた改正法の概要は、巻末の資料2をご覧ください）。

改正消費者契約法の概要

そもそも消費者契約法において、消費者とは「個人（事業として又は事業のために契約の当事者となる場合におけるものを除く。）」（第2条第1項）と、事業者とは「法人その他の団体及び事業として又は事業のために契約の当事者となる場合における個人」（同条第2項）と、そして消費者契約とは「消費者と事業者との間で締結される契約」（同条第3項）と、それぞれ定義されています。消費者と事業者の間には交渉力等において「格差」があることを前提に、最近の消費者契約に関する被害事例を踏まえ、今回の法改正が行われています。

改正消費者契約法は、3つの柱から成り立っています。①事業者の努力義務の明示（第3条関係）、②取り消しうる不当な勧誘行為の追加等（第4条関係）、及び③無効となる不当な契約条項の追加等（第8条関係）、です。

次ページから詳しく解説します。

SECTION 34

事業者の努力義務の明示

消費者契約法第3条の改正

事業者の努力義務の明示として、（1）条項の作成（解釈に疑義が生じない明確なもので平易なものになるよう配慮、（2）情報の提供（個々の消費者の知識及び経験を考慮した上で必要な情報を提供）、の2項目が定められます。第3条は、次のように改正されます。

消費者契約法（平成12年5月12日法律第61号）	第3条第1項（事業者及び消費者の努力）
改正前	事業者は、消費者契約の条項を定めるに当たっては、消費者の権利義務その他の消費者契約の内容が消費者にとって明確かつ平易なものになるよう配慮するとともに、消費者契約の締結について勧誘をするに際しては、消費者の理解を深めるために、消費者の権利義務その他の消費者契約の内容についての必要な情報を提供するよう努めなければならない。
改正後	事業者は、次に掲げる措置を講じるよう努めなければならない。 一　消費者契約の条項を定めるに当たっては、消費者の権利義務その他の消費者契約の内容が、その解釈について疑義が生じない明確なもので、かつ、消費者にとって平易なものになるよう配慮すること。

		二　消費者契約の締結について勧誘をするに際しては、消費者の理解を深めるために、物品、権利、役務その他の消費者契約の目的となるものの性質に応じ、個々の消費者の知識及び経験を考慮した上で、消費者の権利義務その他の消費者契約の内容についての必要な情報を提供すること。

（傍線：筆者）

検討すべき論点

第一に、改正後の第3条第1項第1号は、消費者契約の条項の要件として「その解釈について疑義が生じない明確なもの」とする努力義務を課していますが、客観的な基準というには不十分であり、かつ努力義務に止まっていることから、その効果にはなお、疑問の余地があります。むしろ、契約条項に関して複数の解釈が可能な場合には、事業者側に不利な解釈を採用すべきとする「条項使用者不利の原則」を明文化すべきです。

第二に、改正後の第3条第1項第2号は、「個々の消費者の知識及び経験を考慮」

するとしていますが、「年齢」が含まれていません。ぜい弱な一般消費者の保護の必要性はもちろん、成年年齢引き下げの法整備のタイミングに合っていることからすれば、年齢を考慮要素に含めるべきです。また、本号も努力義務規定であることから、その効果には疑問の余地があります。

SECTION 35

取り消しうる不当な勧誘行為の追加等

消費者契約法第４条の改正

取り消しうる不当な勧誘行為の追加等として、①社会生活上の経験不足の不当な利用、②加齢等による判断力の低下の不当な利用、③霊感等による知見を用いた告知、④契約締結前に債務の内容を実施すること等、⑤不利益事実の不告知の要件緩和、の5項目が定められます。

①は、不安をあおる告知（例：就活中の学生に、その不安を知りつつ、「あなたは一生成功しない」と告げ、就職セミナーに勧誘することなど）、及び恋愛感情等に乗じた人間関係の濫用（例：消費者の恋愛感情を知りつつ、「契約してくれないと関係を続けない」と告げて勧誘することなど）が対象となります。②の例としては、認知症で判断力が著しく低下した消費者の不安を知りつつ「この食品を買って食べなければ、今の健康は維持できない」と告げて勧誘することなどです。③の例としては、「私は霊が見える。あなたには悪霊が憑いておりそのままでは病状が悪化する。この数珠

を買えば悪霊が去る」と告げて勧誘することなどです。④の例としては、注文を受ける前に、消費者が必要な寸法にさお竹を切断し、その代金を請求することなどです。また、⑤の例としては、「日照良好」と説明しつつ、隣地にマンションが建つことを重大な過失を以て告げず、マンションを販売することなどです。

第４条は、次のように改正されます。

消費者契約法（平成12年5月12日法律第61号）	改正前	改正後
第4条第2項（消費者契約の申込み又はその承諾の意思表示の取消し）	当該消費者の不利益となる事実を故意に告げなかったことにより、	当該消費者の不利益となる事実を故意又は重大な過失によって告げなかったことにより、
同条第3項	一・二　（略） （新設）	一・二　（略） 三　当該消費者が、社会生活上の経験が乏しいことから、次に掲げる事項に対する願望の実現に過大な不安を抱いていることを知りながら、その不安をあおり、裏付けとなる合理的な根拠がある場合その他の正当な理由がある場合でないのに、物品、権利、役務その他の当該消費者契約の目的となるものが当該願望を実現するために必要である旨を告げること。

同条第3項

一・二（略）
（新設）

四
イ　進学、就職、結婚、生計その他の社会生活上の重要な事項
ロ　容姿、体型その他の身体の特徴又は状況に関する重要な事項
当該消費者が、社会生活上の経験が乏しいことから、当該消費者契約の締結について勧誘を行う者に対して恋愛感情その他の好意の感情を抱き、かつ、当該勧誘を行う者も当該消費者に対して同様の感情を抱いているものと誤信していることを知りながら、これに乗じ、当該消費者契約を締結しなければ当該勧誘を行う者との関係が破綻することになる旨を告げること。

五　当該消費者が、加齢又は心身の故障によりその判断力が著しく低下していることから、生計、健康その他の事項に関しその現在の生活の維持に過大な不安を抱いていることを知りながら、その不安をあおり、裏付けとなる合理的な根拠がある場合その他正当な理由がある場合でないのに、当該消費者契約を締結しなければその現在の生活の維持が困難となる旨を告げること。

六　当該消費者に対し、霊感その他の合理的に立証することが困難な特別な能力による知見として、そのままでは当該消費者に重大な不利益を与える事態が生ずる旨を示してその不安をあおり、当該消費者契約を締結することにより確実にその不利益を回避することができる旨を告げること。

消費者契約法（平成12年5月12日法律第61号）	改正前	改正後
同条第3項	一・二　（略） （新設）	七　当該消費者が当該消費者契約の申込み又はその承諾の意思表示をする前に、当該消費者契約を締結したならば負うこととなる義務の内容の全部又は一部を実施し、その実施前の原状の回復を著しく困難にすること。 八　前号に掲げるもののほか、当該消費者が当該消費者契約の申込み又はその承諾の意思表示をする前に、当該事業者が調査、情報の提供、物品の調達その他の当該消費者契約の締結を目指した事業活動を実施した場合において、当該事業活動が当該消費者からの特別な求めに応じたものであったことその他の取引上の社会通念に照らして正当な理由がある場合でないのに、当該事業活動が当該消費者のために特に実施したものである旨及び当該事業活動の実施により生じた損失の補償を請求する旨を告げること。

検討すべき論点

第一に、改正後の第4条第2項は、事業者側の主観的要素として故意のほか、重過失も加えていますが、消費者側にその立証責任がある現状は変わりません。法改正によって、立証責任は軽減されるのかどうか（現行制度と大して変わらないのではないか）、検証が必要です。

第二に、改正後の第4条第3項第3号及び第5号には「過大な不安」という文言が出てきますが、通常の「不安」よりも厳格な意味で用いられていると解されるところ、これも消費者側の立証の負担を大きくするだけではないか、検証が必要です。

第三に、改正後の第4条第3項第4号は、「恋愛感情等に乗じた人間関係の濫用」を追加するものですが、「社会生活上の経験が乏しいことから」という前提条件が入っていることにより、適用範囲が若年者層に限られる（中・高齢者は除外される）と解釈することができます。本号の適用範囲について確認することが必要です。

第四に、改正後の第4条第3項第7号は、事業者が契約締結前に実施した債務の内容に関して、「原状の回復を著しく困難にすること」を要件と定めていますが、「著しく困難」とは不明確さを含むものであり、その解釈（あてはめ）について確認することが必要です。

SECTION 36

無効となる不当な契約条項の追加等

消費者契約法第8条の改正

無効となる不当な契約条項の追加等として、①消費者の後見等を理由とする解除条項、②事業者が自らの責任を自ら決める条項、の2項目が定められます。

①の例としては、「賃借人（消費者）が成年被後見人になった場合、直ちに、賃貸人（事業者）は契約を解除できる」とする条項が、②の例としては、「当社が過失のあることを認めた場合に限り、当社は損害賠償責任を負う」とする条項が、それぞれ挙げられます。

第8条は、次のように改正されます。

消費者契約法（平成12年5月12日法律第61号）	改正前	改正後
第8条　見出し	事業者の損害賠償の責任を免除する条項の無効	事業者の損害賠償の責任を免除する条項等の無効

第8条第1項各号
一　事業者の債務不履行により消費者に生じた損害を賠償する責任の全部を免除する条項 二　事業者の債務不履行（当該事業者、その代表者又はその使用する者の故意又は重大なる過失によるものに限る。）により消費者に生じた損害を賠償する責任の一部を免除する条項 三　消費者契約における事業者の債務の履行に際してされた当該事業者の不法行為により消費者に生じた損害を賠償する責任の全部を免除する条項 四　消費者契約における事業者の債務に履行に際してされた当該事業者の不法行為（当該事業者、その代表者又はその使用する者の故意又は重大な過失によるものに限る。）により消費者に生じた損害を賠償する責任の一部を免除する条項
一　事業者の債務不履行により消費者に生じた損害を賠償する責任の全部を免除し、又は当該事業者にその責任の有無を決定する権限を付与する条項 二　事業者の債務不履行（当該事業者、その代表者又はその使用する者の故意又は重大なる過失によるものに限る。）により消費者に生じた損害を賠償する責任の一部を免除し、又は当該事業者にその責任の限度を決定する権限を付与する条項 三　消費者契約における事業者の債務の履行に際してされた当該事業者の不法行為により消費者に生じた損害を賠償する責任の全部を免除し、又は当該事業者にその責任の有無を決定する権限を付与する条項 四　消費者契約における事業者の債務に履行に際してされた当該事業者の不法行為（当該事業者、その代表者又はその使用する者の故意又は重大な過失によるものに限る。）により消費者に生じた損害を賠償する責任の一部を免除し、又は当該事業者にその責任の有無を決定する権限を付与する条項

消費者契約法（平成12年5月12日法律第61号）	改正前	改正後
第8条第1項各号	五　消費者契約が有償契約である場合において、当該消費者契約の目的物に隠れた瑕疵があるとき（当該消費者契約が請負契約である場合には、当該消費者契約の仕事の目的物に瑕疵があるとき。次項において同じ。）に、当該瑕疵により消費者に生じた損害を賠償する事業者の責任の全部を免除する条項	五　消費者契約が有償契約である場合において、当該消費者契約の目的物に隠れた瑕疵があるとき（当該消費者契約が請負契約である場合には、当該消費者契約の仕事の目的物に瑕疵があるとき。次項において同じ。）に、当該瑕疵により消費者に生じた損害を賠償する事業者の責任の全部を免除し、又は当該事業者にその責任の有無を決定する権限を付与する条項
第8条の2見出し	消費者の解除権を放棄させる条項の無効	消費者の解除権を放棄させる条項等の無効
同条各号	一　事業者の債務不履行により生じた消費者の解除権を放棄させる条項 二　消費者契約が有償契約である場合において、当該消費者契約の目的物に隠れた瑕疵があること（当該消費者契約が請負契約である場合には、当該消費	一　事業者の債務不履行により生じた消費者の解除権を放棄させ、又は当該事業者にその解除権の有無を決定する権限を付与する条項 二　消費者契約が有償契約である場合において、当該消費者契約の目的物に隠れた瑕疵があること（当該消費者契約が請負契約である場合には、当該消費

	当該消費者契約の仕事の目的物に瑕疵があること）により生じた消費者の解除権を放棄させる条項	当該消費者契約の仕事の目的物に瑕疵があること）により生じた消費者の解除権を放棄させ、又は当該事業者にその解除権の有無を決定する権限を付与する条項
第8条の3（事業者に対し後見開始の審判等による解除権を付与する条項の無効）	（新設）	事業者に対し、消費者が後見開始、保佐開始又は補助開始の審判を受けたことのみを理由とする解除権を付与する消費者契約（消費者が事業者に対し物品、権利、役務その他の消費者契約の目的となるものを提供することとされているものを除く。）の条項は無効とする。

（傍線：筆者）

検討すべき論点

今回は盛り込まれませんでしたが、次の2点に関して法改正を視野にさらなる検討をすべきと考えます。

第一に、いわゆるサルベージ条項を無効とすることです。サルベージ条項とは、ある条項が強行法規（公序良俗違反など）に反し全部無効となる場合に、その条項の効力を強行法規によって無効とされない範囲に限定する趣旨の規定です。例えば、「法律で許容される範囲内において、当社は一切の責任を負わないものとします」という規定です。この場合、「法律で許容される範囲内」が具体的に明示されていないため、消費者が不利益を受けるおそれがあります。

第二に、軽過失による人身傷害の賠償責任を一部免除する条項を無効とすることです。このような条項は、プロ野球・大相撲などのスポーツ観戦約款、ホテルの宿泊に関する約款などに例がありますが、少なくとも人身傷害が重大な場合にまで賠償責任を一部免除するのは損害分担のあり方として不公平であると解されます。

SECTION 37

地方消費者行政の強化

自治事務としての消費者行政

ＳＥＣＴＩＯＮ 33～36まで、改正消費者契約法の内容について解説しました。法律の内容を強化することは無論、重要ですが、制度を担うための態勢（組織、人）を充実させることが何より肝要です。

この点、消費者行政の担い手としては、国レベルでは消費者庁が２００９年９月に設置されていますが、基本的には地方自治法（昭和22年４月17日法律第67号）第２条第８項が定める自治事務の一つとして、地方自治体が行うものと位置付けられています。各自治体においては財政状況が困難を極める中、その財源をどう確保するかが課題となっています。

財源確保が課題

地方消費者行政を財政上支援するため、①地方消費者行政活性化基金（平成20年度第２次補正予算～平成26年度当初予算）、②地方消費者行政推進交付金（平成26年度補正予算～平成29年度補正予算）、及び③地方消費者行政強化交付金（平成30年度当初予算～現在）と、その名称を変えつつ、財源措置がなされてきました。年度ごとの予算額は、次のとおりです。総額は約５６４億円に上ります。

①地方消費者行政活性化基金
平成20年度第２次補正予算　１５０億円
平成21年度　補正予算　80億円
平成24年度　当初予算　５億円（一般会計）＋３・６億円（復興特別会計）
〃　補正予算　60・２億円
平成25年度　当初予算　５億円（一般会計）＋７・３億円（復興特別会計）
〃　補正予算　15億円
平成26年度　当初予算　30億円（一般会計）＋７・０億円（復興特別会計）
②地方消費者行政推進交付金
平成26年度　補正予算　20億円

平成27年度　当初予算　30億円（一般会計）＋4・8億円（復興特別会計）
〃　補正予算　20億円
平成28年度　当初予算　30億円（一般会計）＋4・8億円（復興特別会計）
〃　補正予算　20億円
平成29年度　当初予算　30億円（一般会計）＋4・8億円（復興特別会計）
〃　補正予算　12億円

③地方消費者行政強化交付金
平成30年度　当初予算　24億円（一般会計）

2018（平成30）年度からは、地方消費者行政強化交付金と改称していますが、当初予算ベースでは前年度比6億円減となっています。また、その補助率も全額から半額へと縮減されています。全体的な予算削減は、独自財源に乏しい小規模自治体にとって深刻な打撃となっています。個人にとって、その居住地に関係なく、実効性ある消費生活相談が受けられることが、消費者行政の究極の目標です。この意味で、国による予算措置のあり方を大幅に見直す必要があります。

（出典）消費者庁公表資料
http://www.cao.go.jp/consumer/iinkai/2018/267/doc/20180214_shiryou3_1.pdf
http://www.cao.go.jp/consumer/iinkai/2018/267/doc/20180214_shiryou3_2.pdf
（アクセス日：2018年11月1日）

コラム

「消費者市民社会」という崇高な理念

消費者庁は2017年3月、消費者教育用の教材パンフレット「社会への扉」（全11頁）を作製しました。基本的に、高校の公民科、家庭科向けの教材として書かれているので、その内容は何より若者向きですが、成年をとうに過ぎている層にも新たな発見があったりします。PDFが公開されているので、内容をご存じない方は、ぜひ一度ご覧になってください。URLが簡単な法務省のリンク先をご紹介します（※）。

「社会への扉」の最終頁には、とくに重要なことが書いてあります。契約トラブルに遭った場合、製品やサービスで事故に遭った場合、当該消費者が具体的な行動するか、行動をしないかで、社会に対してまったく正反対の効果が及ぶということが説明されています。

もし、何も行動をしなかった場合、不正な取引、製品等の事故が続いてしまい、不正な取引や被害が拡大してしまいます。そうではなく、事業者に直接相談したり、消費生活センター等に相談するなどしてトラブルを解決した場合には、不適正な取引や表示、安全性を欠く製品やサービスが改善されます。さらにその効果として、健全な事業者が育ち、良質で安全な商品やサービスが増えます。政府、自治体が動いて、新たなルールづくりに結実することも。つまり、一人の消費者の積極的な行動が、すべての消費者が安全、安心に暮らすことができる社会を築く原動力となるわけです。

※ http://www.moj.go.jp/content/001256632.pdf

第6章
今後の課題

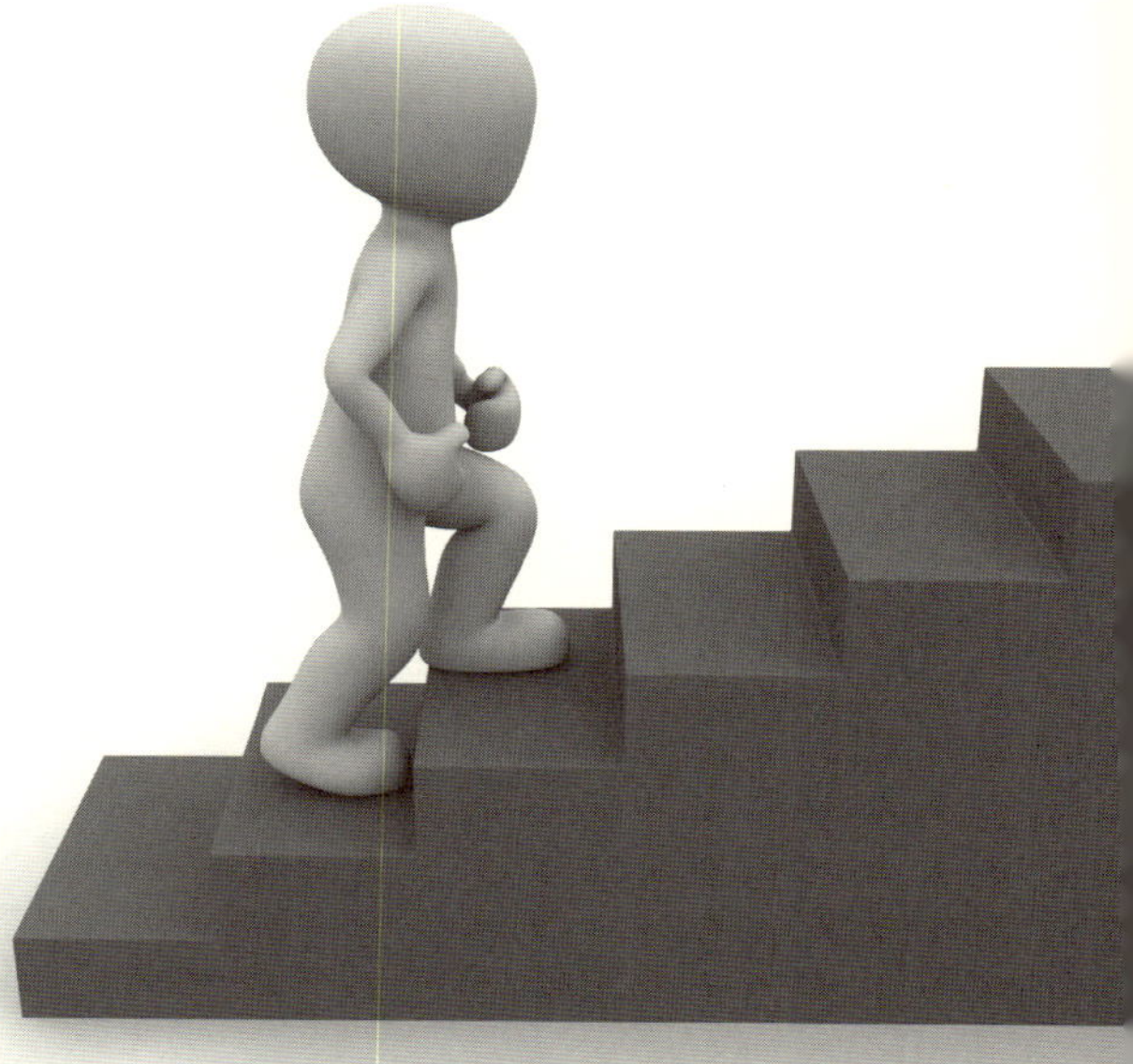

SECTION 38

参議院法務委員会「附帯決議」の10項目

附帯決議とは、法律を所管する行政機関に対する要望や運用上の留意事項等を、委員会の意思として示すものです。政治的には一定の効果はあるものの、法的拘束力はありません。参議院法務委員会で18歳成年法案が採決された２０１８年6月12日、次に掲げる10項目の附帯決議が付されました。全会一致による可決です。施行日（２０２２年4月１日）までの間ないしその後も含め、政府が取り組むべき項目が掲げられています。なお、各項目の見出しは便宜上、筆者が付しました。

民法の一部を改正する法律案に対する附帯決議

政府は、本法の施行に当たり、次の事項について格別の配慮をすべきである。

（消費者被害拡大の防止）

1．成年年齢引下げに伴う消費者被害の拡大を防止するための法整備として、早急に以下の事項につき検討を行い、本法成立後2年以内に必要な措置を講ずること。

（1）知識・経験・判断力の不足など消費者が合理的な判断をすることができない事情を不当に利用して、事業者が消費者を勧誘し契約を締結させた場合における消費者の取消権（いわゆるつけ込み型不当勧誘取消権）を創設すること。

（2）消費者契約法第3条第1項第2号の事業者の情報提供における考慮要素については、考慮要素と提供すべき情報の内容との関係性を明らかにした上で、年齢、生活の状況及び財産の状況についても要素とすること。

（3）特定商取引法の対象となる連鎖販売取引及び訪問販売について、消費者委員会の提言を踏まえ、若年成人の判断力の不足に乗じて契約を締結させる行為を行政処分の対象とすること。又は、同行為が現行の規定でも行政処分の対象となる場合はこれを明確にするために必要な改正を行うこと。

（4）前各号に掲げるもののほか、若年者の消費者被害を防止し、救済を図るための法整備を行うこと。

（違反事業者に対する処分等の強化）

２．特定商取引法、割賦販売法、貸金業法その他の業法における若年成人の被害防止を含む消費者保護のための規制につき、所管官庁による違反事業者に対する処分等の執行の強化を図ること。

（マルチ商法等に対する措置）

３．成年年齢の引下げに伴い、若年者のマルチ商法等による消費者被害が拡大するおそれがあることから、それらの被害の実態に即した対策について検討を行い、必要な措置を講ずること。

（消費者教育の充実）

４．自立した消費者を育成するための教育の在り方を質量共に充実させるという観点から、以下の事項について留意すること。

（１）「若年者への消費者教育の推進に関するアクションプログラム」に掲げた施策を、関係省庁で緊密に連携して着実に実施し、全国の高等学校・大学等における実践的な消費者教育の実施を図ること。

（２）外部講師や行政機関等と連携を進めたり、消費者教育を家庭科、社会科を始めとする教科等において実施したりするなど小学校・中学校・高等学校における教育を充実すること。
(3)18歳、19歳の若年者に対する大学・専門学校、職場、地域における消費者教育を充実すること。
(4)教員養成課程での消費者教育の強化など教員養成課程の改革を進めること。
(5)行政機関が学校教育以外でも、積極的に消費者教育に取り組む体制を整備すること。

(若年者の自立支援)

5. 18歳、19歳の若年者の自立を支援する観点から、本法施行までに、以下の事項に留意した必要な措置を講ずること。
(1)成年年齢と養育費負担終期は連動せず未成熟である限り養育費分担義務があることを確認するとともに、ひとり親家庭の養育費確保に向けて、養育費の取決め等について周知徹底するなど必要な措置を講ずること。
(2)現在の社会経済情勢に見合った養育費算定基準について、裁判所における調査研究に協力すること。

（3）18歳、19歳の若年者においても個々の成熟度合いや置かれた環境に違いがあることを踏まえ、これらの若年者の成長発達を支援するために（特に児童福祉法上の自立支援が後退することがないように）必要な措置を講ずること。

（理解されやすい周知徹底）

6．18歳、19歳の若年者に理解されやすい形で周知徹底を図ること。

（国民キャンペーンの実施）

7．消費者被害防止のための啓発活動を実施する若者団体等の活動への支援を行い、成年年齢引下げに伴う若年消費者被害防止の社会的周知のための国民キャンペーン実施を検討すること。

（第三者の意見の聴取）

8．成年年齢引下げに向けた環境整備に向けた施策が実効性のあるものとなるよう「成年年齢引下げを見据えた環境整備に関する関係府省庁連絡会議」のメンバー等において、弁護士、教育関係者、消費生活相談員等を含む第三者の意見を十分に聴取すること。

（地方消費者行政に対する予算措置）
9．若年者の消費者被害への相談体制の強化・拡充、情報提供、消費者教育の充実を実現するため、地方消費者行政について十分な予算措置を講ずること。
（必要な措置の効果測定等）
10．施行日までに、上記に掲げた措置が実施されているか、その措置が効果を上げているか、その効果が国民に浸透しているかについて、効果測定や調査を実施した上で検討し、その状況について随時公表すること。

政府がこれら10項目に対してどのような措置を講じているか、18歳成年法が施行されるまでの間、参議院法務委員会等の一般質疑を通じて、チェックがなされていくことになります。

SECTION 39

高校教育の対応

高校在学中、成年を迎える18歳

18歳成年法は2022年4月1日に施行されます。施行日を以て、すでに18歳に達している者は一斉に成年となるとともに、その後、多くの者は高校3年生の在学中に成年を迎えることになります。

この点、高校教育の現場に与える様々な影響を考慮しなければなりません。学年、クラスの中に「成年生徒」と「未成年生徒」が共存することになります。とくに成年生徒は、法的主体としては自立していることになります。政府（文部科学省）は現時点では、生徒が成年に達したという事実だけを以て進路指導等の場面に混乱が生じるとは考えていないようですが、保護者との関係も含め、起こり得る問題を整理しておく必要があります。

また、政府連絡会議（2018年4月発足）では、18歳成年法が施行されるまでの4カ年度の間、高校教育の現場の意見を汲み取り続け、各府省庁で問題意識を共有し、施策に活かしていくことも肝要です。

学校現場の負担を減らす努力を

全国高等学校長協会が２０１６年9月13日付で政府に提出した「民法の成年年齢の引き下げの施行方法について（意見）」では、次のような懸念が指摘されています。

①選挙権年齢の引き下げに対応する主権者教育についてかなりの時間を費やしているが、まだ不十分であると考えている。このような状況下で民法の成年年齢引き下げを見据えた教育を実施するとなると、共に中途半端に陥る可能性がある。このことから民法の成年年齢引き下げについては、主権者教育が定着するまでの先送りをお願いしたい。

②「18歳、19歳の者は、親の親権に服さない」ことで、高校生の保護者に成人となった子供を監護及び教育する権利と義務が消失した場合、学校がこれまでのように生活や学習等に課題のある生徒への指導を保護者の理解と協力を得て行うことが困難となる可能性が生ずる。

③一般的に殆どの高校生は経済的に自立しておらず生活全般は保護者の経済力に依存している。授業料や学校徴収金等の高校生活に必要な費用も保護者に依存している状況の中で、現在は未納者については保護者に督促を行っている。民法改正により、この部分に課題が生ずる可能性がある。

18歳成年法案の審議においても、全国高等学校長会が指摘する事項は議論になりました。しかし、懸念はそれとして残ったままで、現場の対応はこれから考えるという状況です。

高校における主権者教育、法教育、消費者教育、金融経済教育は、「公民」「家庭科」といった科目で扱われています。もっとも、他にも「○○教育」という名称のものが雨後の筍のように増えており、教員の負担が大きくなっている傾向にあります。

教員の負担を減らすため、当該授業を外部講師に委託する方策も取られていますが、その方が事前打ち合わせの必要等が生じ、かえって煩雑になるという指摘もあります。言わば「18歳を以て大人とするための教育」は、まだ緒についたばかりであり、今後どれだけの事例研究を積めるかが課題となります。

SECTION 40

成人式のあり方

成人式について

成年年齢が18歳に引き下げられることに伴い、成人式のあり方も変わります。法令上、式典の対象年齢に一定の決まりがあるわけではありませんが、多くは20歳から18歳へと引き下がることになります。

もっとも、18歳の多くは高校3年生であり、成人式は大学受験や高校卒業を直前に控えたタイミングと重なってしまいます。そこで、これからの成人式はどうあるべきか、当事者である10代の若者、教育・行政の担当者のほか、着物業界など成人式ビジネスの関係者に至るまで、様々な意見が交わされているところです。

成人式の実施状況

政府連絡会議の第1回会合（2018年4月16日）では、全国の成人式の現状（主に、2017年実施のもの）について文部科学省が調査した結果のデータが公表されています。

第一に、成人式を開催する月（日）に関してです。１月の「成人の日」に行う地域は２０７（14・１％）、１月の「その他の日」が１千40（70・７％）に上ります。「成人の日」の前日の日曜日のほか、正月（１日から５日まで）に実施する例もあります。さらに、８月中に行う地域が１８９（12・８％）あり、その多くがお盆期間中（14日から16日まで）です。その他の月の実施が35（２・４％）あり、４月１日、５月３日・４日、３月19日といった例がみられます。今や、成人の日に成人式を行わない地域の方が圧倒的多数となっています。

成人の日は、国民の祝日に関する法律（昭和23年７月20日法律第１７８号）の規定により、長く「１月15日」に固定されていましたが、２０００（平成12）年の法改正によって、１月の第二月曜日へと変わりました。18歳成年となった後は、この日程が、大学入試センター試験と近接するばかりか、３月上旬まで大学入試が行われている実情に鑑み、成人式の開催を３月中・下旬に行うことが通例となるでしょう。読売新聞社が実施した世論調査でも、「１月にこだわる必要がない」という回答が89％に達しており（２０１８年４月25日朝刊）、社会的受容の面でも問題はないといえるでしょう。もっとも、3月といえば卒業式、引っ越しのシーズンとも被るため、十分な検討、調整が必要です。

成人式の対象年齢

第二に、成人式の対象年齢に関してです。自治体の公表データには限りがあるようですが、実施する年度に20歳になる者を対象とする地域は847（98・6％）、実施する年の前年度に20歳になる者（全員20歳以上）を対象とするものは12（1・4％）に止まります。18歳成年となった後、一般的には、成人式を実施する年度に18歳になる者がその対象となるでしょう。もっとも、京都市のように、引き続き20歳を対象とする方針を決めている自治体もあります。

成人式の主催者

第三に、成人式の主催者に関してです。市町村の教育委員会が単独で実施する地域は248（25・6％）、首長部局が単独で行うものが76（7・8％）、教育委員会と首長部局の共催によるものが109（11・2％）、行政側に新成人が加わるものが263

（27・1％）、新成人が行うもの（公募、中学校からの推薦など）が182（18・8％）、その他（実行委員会等）が91（9・4％）に上ります。その他には、各ブロックの公民館、成人者と次年度の成人者、成人者と高校生会などの例がみられます（※）。

新成人が運営に関与する方式は、①新成人の式典参加の利便性、インセンティブをどう高めるか、②式典の平穏な運営をどう実現するかといった観点で、荒れた成人式（1990年代後半）を契機に試行錯誤が行われ、その多様化が進んできたものです。しかし、18歳成年となった後、高校3年生が主体的に成人式の企画、運営に関与することにはやはり、時間的な制約が生じます。この限りで、行政依存の傾向に逆戻りすることは避けられませんが、企画内容に新成人の意見をできるだけ反映できるよう、これまでにない努力と工夫が求められます。

（出典）成年年齢引下げを見据えた環境整備に関する関係府省庁連絡会議（第1回・2018年4月16日）配付資料・資料12。

※実施状況を公表していない都道府県も7県ある。自治体によっては公民館ブロック単位や合併前の市町単位で実施している例もある。

2022年度中に生じる〝難題〟

18歳成年法は、2022年4月1日に施行されます。当日午前0時を以て、たまたま18歳の誕生日にあたる者も、19歳11か月の者も一斉に、「未成年者」から「成年者」となります。2022年度中には、制度移行期に特有の問題が生じます。年度中に18歳となる者に限らず、19歳、20歳となる者も形式上は「新成人」であり、成人式の対象に含まれてしまうのです。

この点、20歳の姉と18歳の弟が、同日の成人式に出席するというのは、制度上は想定し得るのかもしれませんが、できれば避けたいというのが当事者の心情でしょう。年長者である姉のプライドを傷付けることは想像に難くありません。「2022年度の成人式に限っては、19歳、20歳の者に出席を遠慮してもらえばいい」という意見もありますが、運用上の不都合を特定の年齢階層の者に対して押し付けるだけであり、一般論としては成り立ちえません。

日本で18歳成人論の嚆矢を放ったことで知られる田中治彦・上智大学教授は、「1月の成人の日の前後に19歳と20歳を対象とした第1回目の成人式を行う。場合によっては午前、午後の二部制とする。18歳の成人式は改めて3月に実施する」との案を示されています（田中治彦ほか『18歳選挙権と市民教育ハンドブック（補訂版）』（開発教育協会、2017年、32頁）。私もこの提案に賛成です。他にも、「2022年度問題」を柔軟に解決する策がありうると思いますが、ともあれ、移行期となる3年余りの間に一定の結論を得て、早めに周知しなければなりません。

政府は2019年度末までに、関係者、関係自治体の取り組みをまとめ、2020年度以降、自治体に対し適切に情報発信する方針です。政府連絡会議の第2回会合（2018年9月3日）では、法務省民事局参事官を座長とする「成人式の時期や在り方等に関する分科会」の設置が決定しました。今後の議論を注視する必要があります。

SECTION 41

被選挙権年齢の引き下げ

世界標準からかけ離れた「較差」

公職選挙法（昭和25年4月15日法律第100号）第10条、地方自治法（昭和22年4月17日法律第67号）第19条は、被選挙権年齢（公職の選挙の候補者となることができる年齢）を定めています。

◎（国）　・衆議院議員　25歳　・参議院議員　30歳
◎（都道府県）　・都道府県知事　30歳　・都道府県議会議員　30歳
◎（市町村）　・市町村長　25歳　・市町村議会議員　25歳
※いずれも下限年齢

世界に目を向けると、制度はまったく異なります。選挙権年齢を18歳以上と定める国の多くは、被選挙権年齢についても18歳以上とする例がほとんどであり、世界標準と評価していい状況になっています。日本は2015年6月、18歳選挙権を採用したものの、被選挙権年齢は依然、高い水準にあるのです。

衆議院議員の被選挙権年齢との較差は「7歳」となっていますが、二院制を採用する主要国の下院の選挙制度についてみると、選挙権年齢と被選挙権年齢との5歳以上の較差を許容する例は、アメリカ、フランス、イタリアの3国と、わずかに止まります。日本でも、国・地方のいずれにおいても、被選挙権年齢との較差を縮める制度改革が不可欠です。

成年年齢引き下げによる、改革の後押し

もっとも、被選挙権年齢を引き下げるといっても、成年年齢よりも低く定めることはできません。被選挙権を行使する者は法理上、私法上の行為能力を備えていることが前提となるからです。特定の選挙に立候補し選挙運動を遂行すること、その他の政治活動を行う上では当然、売買、賃貸借等の契約を、親の同意なく単独で行うことが可能でなければなりません。

今回、18歳成年法が制定されたことが、被選挙権年齢引き下げの制度改革を後押し

するものと期待されます。参議院ではすでに、日本維新の会が、被選挙権年齢をすべて18歳以上に引き下げる法律案を提出しています（浅田均君外1名提出・公職選挙法及び地方自治法の一部を改正する法律案（第192回国会参法第13号））。

18歳以上に一気に引き下げることは世論の支持が得られにくいとしても、22歳以上、20歳以上と段階的に引き下げていくことは、現実的な選択肢となり得ると解されます。

SECTION 42

少年法上限年齢の引き下げ

成年年齢とは直接、連動しない

少年法（昭和23年7月15日法律第１６８号）第２条第１項は、20歳に満たない者を「少年」と、満20歳以上の者を「成人」と定めています。少年の刑事事件は、原則として刑罰ではなく、保護処分の対象となります。その趣旨は、少年はその人格の可塑性に富むことから、刑罰よりも保護（教育）を通じて社会復帰を図る方が効果的であると考えられているからです。少年の刑事事件は全て、いったん、家庭裁判所に送致されます（少年法第41条等、全件送致主義）。

少年法を改正し、その上限年齢を20歳から18歳に引き下げるべきであるとする議論は、少なくとも平成初期からずっと続いています。その立法政策上の位置付けを明確にしたのは、国民投票法の制定（２００７年5月）及び改正（２０１４年6月）、並びに18歳選挙権法の制定（２０１５年6月）です。

18歳選挙権法附則第11条は、「国は、国民投票の投票権を有する者の年齢及び選挙権を有する者の年齢が満18年以上とされたことを踏まえ、選挙の公正その他の観点における年齢満18年以上満20年未満の者と年齢満20年以上の者との均衡等を勘案しつつ、民法、少年法その他の法令の規定について検討を加え、必要な法制上の措置を講ずるものとする。」と定めています（傍線：筆者）。この限りで、少年法上限年齢の引き下げは既定の政策方針であり、その是非について議論を蒸し返すことはできません。

もっとも、少年法上限年齢の引き下げは、成年年齢の引き下げと直接連動するわけではありません。第2章で、少年法改正の議論が出てこなかったとおり、少年法固有の問題として理解する必要があります。

法制審議会部会設置までの経緯

少年法上限年齢の引き下げを含む同法の改正問題は現在、政府（法制審議会）で検討が進んでいます。その経緯を簡単に振り返っておきます。

法務省は2015年11月、省内に「若年者に対する刑事法制の在り方に関する勉強会」を立ち上げ、翌16年12月、「取りまとめ報告書」を公表しました。報告書では、「公職選挙法の選挙権年齢に続いて民法の成年年齢が18歳に引き下げられた場合における少年法適用対象年齢の在り方については、」という文脈整理が付されているところ、その引き下げに関しては賛否両論が併記されています。

「取りまとめ報告書」の公表後、金田勝年法務大臣は2017年2月9日、「日本国憲法の改正手続に関する法律における投票権及び公職選挙法における選挙権を有する者の年齢を18歳以上とする立法措置、民法の定める成年年齢に関する検討状況等を踏まえ、少年法の規定について検討が求められていることのほか、近時の犯罪情勢、再犯の防止の重要性等に鑑み、少年法における「少年」の年齢を18歳未満とすること並びに非行少年を含む犯罪者に対する処遇を一層充実させるための刑事の実体法及び手続法の整備の在り方並びに関連事項について御意見を賜りたい。」と、法制審議会に諮問しました(諮問第103号)。諮問を受け、法制審議会の下に「少年法・刑事法(少年年齢・犯罪者処遇関係)部会」が設置され、同年3月16日に第1回会議を開催しています。

少年法・刑事法部会の経緯

２０１７年５月31日の第３回会議では、委員用に「論点表」が配付され、同日、一般に公表されました。その内、少年法上限年齢の引き下げに関しては、次のような記述があります。

1　少年法における「少年」の年齢

少年法における「少年」の年齢を18歳未満とすること

【検討の視点】

・少年保護事件の手続過程並びに少年院及び保護観察における処遇が年長少年に対しても有効に機能している中で、「少年」の年齢を18歳未満とする必要性はあるか。

・親権に服さない成年者に対して国家が後見的な観点から権利を制限する処分を行うことが正当化できるか（要保護性に基づく保護処分に付すことができるか。）。

・選挙権を有し、民法上も成年である者が罪を犯したとき、刑事処分ではなく保護処分に付すこと、軽減された刑を科すこと、推知報道を禁止すること等は、犯罪被害者・国民の理解を得られるか。
・「少年」の上限年齢を18歳未満に引き下げると、大人として処罰されるという自覚を促すことになり、犯罪の抑止、健全育成につながるのではないか。
・現在行われている働き掛けや処遇等の機会がなくなると、改善更生・再犯防止が図れないのではないか。

2 非行少年を含む犯罪者に対する処遇を一層充実させるための刑事の実体法及び手続法の整備

（略）

（引用）少年法・刑事法（少年年齢・犯罪者処遇関係）部会第3回会議（2017年5月31日）資料。

２０１７年9月には、同部会内に第1から第3までの分科会が設けられ、より精緻な議論が始まったところであり、本書発刊現在も続いています。最終的に部会としての取りまとめを行い、法制審議会総会でその内容を了承した上で、法務大臣に答申を行うことになります。内閣が18歳少年法案を国会に提出するのは、２０２０年１月召集の常会以降になると見込まれます。

少年法上限年齢の引き下げに連動する法律

今回の民法改正とは異なり、自動的に連動するものではありませんが、少年法上限年齢に合わせて改正すべき法律が7本あります。いずれも、18歳少年法の整備に合わせて、基準年齢を20歳から18歳へと改める必要があります。

(1)国際刑事裁判所に対する協力等に関する法律(平成19年5月11日法律第37号)

法務大臣が、外務大臣を通じて国際刑事裁判所から協力の請求を受理したとき、受刑者証人等移送(国際刑事裁判所の請求により、証人その他の国際刑事裁判所の手続における関係人として出頭させることを可能とするため、国内受刑者を移送すること)の決定をする条件として、「国内受刑者が20歳に満たないとき」と定めています(第17条第1項第2号)。

(2)国際捜査共助等に関する法律(昭和55年5月29日法律第69号)

法務大臣が、要請国から、条約に基づき、国内受刑者に係る受刑者証人移送の要請があった場合において、当該受刑者証人移送の決定をする条件として、

「国内受刑者が20歳に満たないとき」と定めています（第19条第1項第2号）。

（3）売春防止法（昭和31年5月24日法律第118号）

同法が定める売春目的勧誘罪等につき、刑の執行を猶予し、その者を補導処分に付することができる要件として、「満20歳以上の女子」であることが定められています（第17条第1項）。

（4）少年院法（平成26年6月11日法律第58号）

少年院の長は、保護処分在院者が、20歳に達したときに退院させるものとし、20歳に達した日の翌日にその者を出院させなければなりません（第137条本文）。

また、少年院の長が、保護処分在院者について、家庭裁判所に対しその者の収容を継続する旨の決定を申請する場合における収容継続の始期が、20歳に達した日であると定められています（第138条第1項第1号）。

（5）国際受刑者移送法（平成14年6月12日法律第66号）

共助刑（受入移送犯罪に係る確定裁判の執行の共助として日本国が執行する外国刑）の期間について、受入受刑者（裁判国において外国刑の確定裁判を受け、その執行として拘禁されている日本国民等及び受入移送により引渡しを受けた日本国民等であって、外国刑の確定裁判の執行が終わるまでの者）が20歳に満たないときに共助刑に係る外国刑の言渡しを受けた者であるときには、その期間を短縮することが定められています（第17条第2項）。

また、仮釈放の特例として、20歳に満たないときに共助刑に係る外国刑の言渡しを受けた受入受刑者については、一定の期間を経過した後に、仮釈放ができることが定められています（第22条）。

（6）刑事収容施設及び被収容者等の処遇に関する法律（平成17年5月25日法律第50号）

受刑者に対する懲罰の一つである30日以内の閉居について、懲罰を科するときに20歳以上の者について、特に情状が重い場合には、60日以内とすることが定められています（第151条第1項第6号）。

（7）更生保護法（平成19年6月15日法律第88号）

保護観察処分少年に対する保護観察の期間は、当該保護観察処分少年が20歳に達するまで、と定められています（第66条本文）。

また、保護観察所の長は、保護観察処分少年について、新たに虞犯少年に該当する事由があるため家庭裁判所に通告した場合において、当該保護観察処分少年が20歳以上であるときは、少年法における少年とみなして、少年の保護事件に関する規定を適用することが定められています（第68条第1項、第2項）。

さらに、家庭裁判所が、少年院仮退院者を少年院に戻して収容する決定をする場合、23歳に満たない少年院仮退院者を20歳を超えて少年院に収容する必要があると認めるときは、その者が23歳を超えない期間内において、少年院に収容する期間を定めることができるとされています（第72条第1項、第2項）。

選挙犯罪・国民投票犯罪に関する特例規定の削除

前記の7本に加えて、18歳選挙権法附則第5条（選挙犯罪等についての少年法の特例）も削除する必要があります。本条は、少年法の上限年齢が18歳に引き下げられるまでの間、18歳、19歳の者による選挙犯罪の取扱いに関する特例を定めたもので、少年法の改正が行われれば、この規定は無意味になります。少年法の改正に合わせて削除する必要が生じます。

仮に、近い将来、国民投票法の改正が行われ、18歳、19歳の者による国民投票犯罪についての少年法の特例規定が置かれた場合にも同様に、少年法の改正に合わせて削除する必要が生じます。

SECTION 43

児童福祉法の見直し

児童の上限年齢を引き上げる議論

第2章のSECTION 15では、児童福祉法第4条第1項が定める「児童」の定義をそのままに、成年年齢の18歳引き下げに伴う、諸規定の調整が行われることを解説しました（18歳成年法附則第8条）。

実は政府内において、前記とは別の文脈で、児童福祉法の改正問題がなお、燻ぶっています。児童福祉法等の一部を改正する法律（平成28年6月3日法律第63号）の立案の過程では、児童の保護範囲を拡大するために、児童の上限年齢を「満20歳未満」と2歳引き上げる案が一時、俎上に乗りました。しかし、保護を拡大する分の施策に係る予算措置が困難であったことに加え、国会では同じ時期に18歳選挙権法の整備の検討が進められていた中で、児童の上限年齢を引き上げることを疑問視する声が上がり、結果として立法化が見送られたのです。

もっとも、児童福祉法改正案の検討を進めていた、社会保障審議会新たな子ども家庭福祉のあり方に関する専門委員会の「報告（提言）」（２０１６年3月10日）において、次のような言及があります（同7頁）。

なお、児童福祉法の年齢要件を見直して、20歳まで引き上げ、少なくとも20歳までは児童福祉法上の支援が継続される制度を確立すべきとの意見があった。この点については、現在議論が行われている成人年齢（原文ママ）の引下げとの関連について、将来、成人年齢の引下げの段階で、親権との関係を整理する必要がある。上述のように、支援を受ける子どもの多くは、自立に向けた支援を提供してくれる家庭を持たず、社会的な支援を必要としており、その状況は、成人年齢が引き下げられたからといって、何ら変わるものではない。成人年齢が引き下げられた場合には、20歳未満の親権が及ばない「成人」に対する支援のあり方に関する整理が必要となる。

いみじくも最後に、鍵カッコ付きの「成人」という言い回しをしています。一般家庭の子どもの大学、専修学校等の進学率が7割を超えている現在、子どもの自立の保障という観点に立つならば、支援を受ける子どもに対しても、その希望に沿って高校以降の進学の機会が与えられるべきであり、支援の対象年齢を20歳未満まで引き上げるのが妥当です。

自立援助ホームの延長措置

児童の上限年齢を引き上げるべきとする議論は、すぐに一定の結論を得て、法整備が進められる状況ではありませんが、運用面はかなり進んでいます。

まず、前記の児童福祉法改正では、原則20歳までを対象とする自立援助ホームにおいて、大学に在学する等の場合には、22歳を迎える年の年度末まで利用できるよう(延長措置)、必要な法整備が行われました(児童福祉法第6条の3第1項、第33条の6)。

また、2017年度政府予算では、大学に在学する者以外の、支援が引き続き必要な者に対しても、原則22歳の年度末まで支援を継続する予算上の措置が講じられています。2018年度も継続扱いとなっています。

SECTION 44

養育費の支払、請求審判等に与える影響

養育費支払期間も短くなる？

厚生労働省は２０１７年12月15日、「平成28年度全国ひとり親世帯等調査結果」を公表しました。それによると、母子（父子）世帯のうち、養育費の取り決めをしているのが43％（21％）であり、そのうち53％（16％）が「現在も支払いを受けている」と回答しています。また、一世帯当たりの養育費平均月額は４万３７０７円（３万２５５０円）となっています（以上、括弧内は父子世帯の数値）。

離縁、死別等、ひとり親世帯が生じる事情は様々ですが、子にとっては、自立できるまでの間、厳しい生活環境が続くことになります。ひとり親世帯が受け取る養育費はその一助となるところ、18歳成年法案の審議では、成年年齢の引き下げによって養育費の支払終期をめぐる争いが頻発するのではないかとの懸念の声が相次ぎました。一体、どういうことでしょうか。

支払終期を「成年に達するまで」と決めていた場合

未成熟の子がいる夫婦が離婚する際（協議、調停、審判及び裁判）、子の親権を確定するとともに、その養育費の支払い（額、終期等）について定めることが通例です。

その支払終期に関してですが、「子が20歳に達する日が属する月まで」と定められていれば、成年年齢の引き下げの影響を受けることはなく、20歳の誕生月まで支払いが行われることになります。中には、22歳とか様々な年齢を定めることがあるところ、具体的な年齢が明示されているのであれば、解釈上の問題は生じえません。

しかし、「子が成年に達する日が属する月まで」と定められている場合はどうでしょうか。単に「成年」と定めている場合です。およそ、養育費の取り決めをした時の成年年齢は20歳であり、離婚当事者も20歳成年を前提に合意したともいえるのですが、成年年齢引き下げの影響を受けないとは言い切れないのです。

最も懸念されるのが、「法律が変わって、成年年齢は20歳から18歳になったのだから、子が18歳になったら、もう支払わない」と、意地の悪いことを考える父親が出てくることです。不支払い分に対する利息を除いて、大したペナルティもないことから、嫌がらせ的に不支払いに踏み切る者が出てきてもおかしくないのです。

父親が支払わなくなったら、母親はどう対処すればいいでしょうか。協議離婚の場合には、代理人（弁護士）を立てて、再度協議を始めることになるでしょうが、一定の時間と費用が掛かり、負担となります。調停離婚等の場合には、強制執行の申立をすることになるでしょうが、父親の側は逆に執行異議の申立てをすることが考えられます。養育費の定めをした当時の当事者の合理的な意思を解釈するなどして、最終的な判断は執行裁判所が行うことになりますが、弁護士費用を含め、母親側には負担になります。もちろん、司法判断が確定するまでの間、養育費の支払いは滞り続けることになってしまいます。

実務上、養育費の支払終期を「成年に達する日が属する月まで」と定めることは、かなり多く行われています。前記のような悪しき争いが頻発することがないよう、18歳成年法案の審議では、「18歳成年法が施行された後であっても、支払終期に係る〝成年〟は20歳と解釈する旨、法律の附則に書き込むべきではないか」との意見も出されましたが、政府は、「理論上は、養育費支払終期の合意時に、将来的に成年年齢が引き下げられることを含意していたこともありうる」として終始、否定的な答弁を繰り返しました。しかし、理論上はそうかもしれませんが、実際上は、将来、成年年齢引き下げが行われることを見越して、前記のような合意をしている離婚当事者は皆無でしょう。また、離婚当事者は「20歳まで」というイメージで合意していたにもかかわらず、調停委員会が「成年まで」と書いていることもあるかもしれません。

今後、養育費の支払終期をめぐる悪しき、無用の争いが起こらないよう、政府は、リーフレットの作製、頒布はもとより、メディアを通じた周知・啓発に取り組む考えを示しています。子の利益を害することがないよう、実効性ある取り組みがなされるかどうか、今後の動きを注視しなければなりません。

今後行われる養育費請求への影響

また、今後行われる養育費請求への影響も問題となります。

こちらの写真は、裁判所のウェブサイトで公開されている、養育費請求調停申立書のひな型です。離婚後、子を養育している母から父に対して子の養育費の支払いの調停を求める場合の記入例が示してあります。見えづらいかもしれませんが、申立人と相手方の氏名等を書く欄の下に、未成年者の氏名等を書く欄をご確認いただけると思います。ひな型には「未成年者」と記してあるのです。

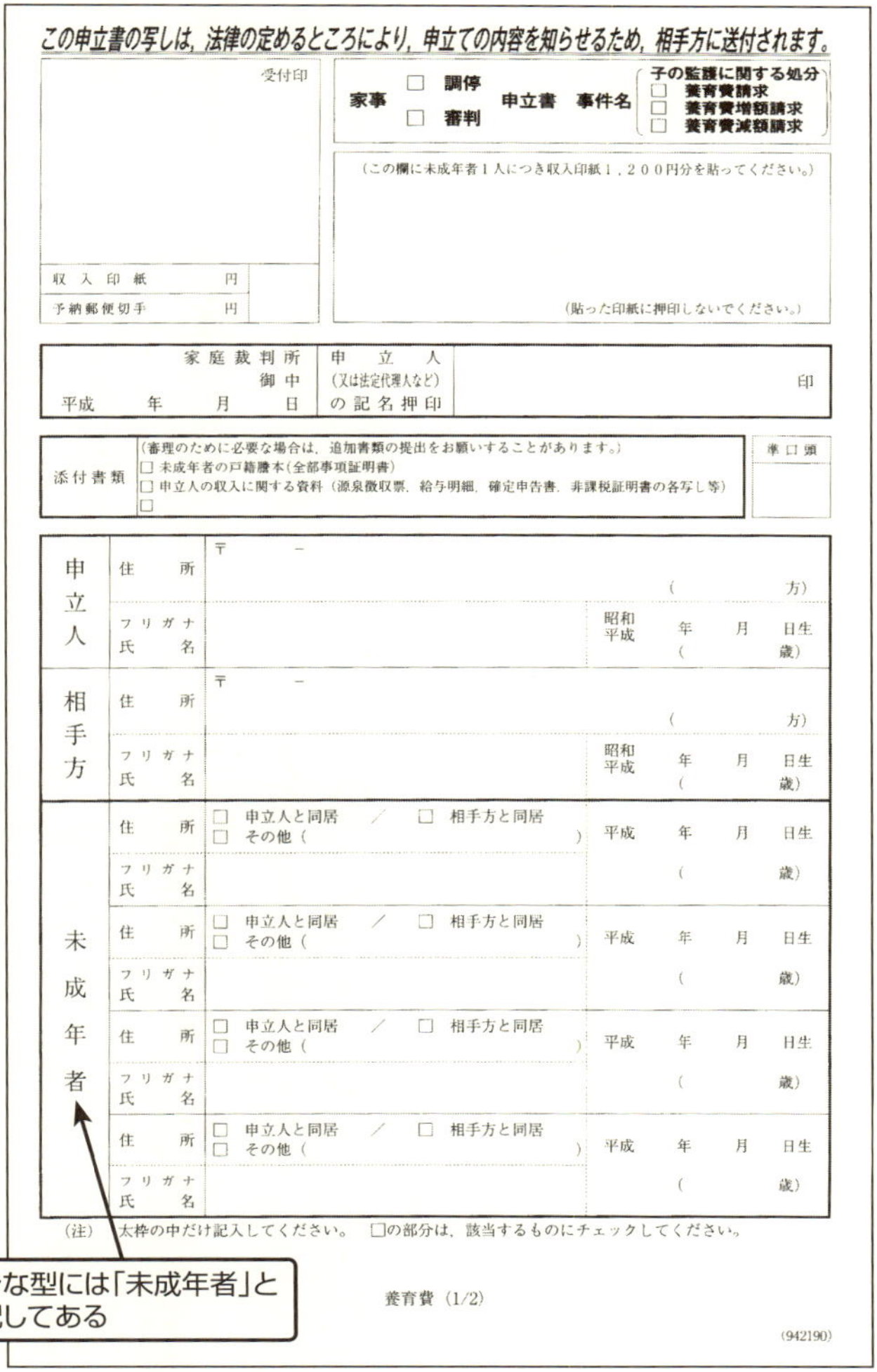

この申立書の写しは，法律の定めるところにより，申立ての内容を知らせるため，相手方に送付されます。

受付印	家事 □ 調停 □ 審判 申立書 事件名（子の監護に関する処分 □ 養育費請求 □ 養育費増額請求 □ 養育費減額請求）
	（この欄に未成年者１人につき収入印紙１，２００円分を貼ってください。） （貼った印紙に押印しないでください。）
収入印紙　　円	
予納郵便切手　　円	

家庭裁判所 御中 平成　年　月　日	申立人（又は法定代理人など）の記名押印	印

添付書類	（審理のために必要な場合は，追加書類の提出をお願いすることがあります。） □ 未成年者の戸籍謄本(全部事項証明書) □ 申立人の収入に関する資料（源泉徴収票，給与明細，確定申告書，非課税証明書の各写し等） □	準口頭

申立人	住所	〒　－　（　方）	
	フリガナ 氏名		昭和 平成　年　月　日生（　歳）
相手方	住所	〒　－　（　方）	
	フリガナ 氏名		昭和 平成　年　月　日生（　歳）
未成年者	住所	□ 申立人と同居 ／ □ 相手方と同居 □ その他（　）	平成　年　月　日生
	フリガナ 氏名		（　歳）
	住所	□ 申立人と同居 ／ □ 相手方と同居 □ その他（　）	平成　年　月　日生
	フリガナ 氏名		（　歳）
	住所	□ 申立人と同居 ／ □ 相手方と同居 □ その他（　）	平成　年　月　日生
	フリガナ 氏名		（　歳）
	住所	□ 申立人と同居 ／ □ 相手方と同居 □ その他（　）	平成　年　月　日生
	フリガナ 氏名		（　歳）

（注）太枠の中だけ記入してください。 □の部分は，該当するものにチェックしてください。

養育費（1/2）

(942190)

（写真）養育費請求調停申立書のひな型
http://www.courts.go.jp/saiban/syosiki_kazityoutei/syosiki_01_29/index.html

この点、重大な問題が懸念されます。養育費請求調停の申立ては、これまで20歳未満の子がいる場合に認められていたものが、18歳成年法が施行されると、18歳、19歳の子は未成年者でなくなるので、一律認められなくなるという不都合を生むことになってしまうのです。子の利益を最優先に捉えるならば、その自立が全うされるまでの間は、養育費の支払いを受けるべき地位にあり、年齢だけに依存すべき問題ではありません。この意味で、18歳成年法の施行後も、ひな型で「未成年者」と記し続けるのは妥当とはいえません。

18歳成年法案の審議では、ひな型の様式について「未成年者」を改め、「未成熟の子」

と書くか、単に「子」と書くべきではないか、との意見が示されました。最高裁判所の担当者も、必要な見直しをする方向で検討する旨、答弁しています。２０１８年内には「対象となる子」と、書式の改訂が行われる見通しです。

コラム

「はれのひ」成人式振袖詐欺事件

「晴れ着の業者と連絡が取れない。」「営業所に行ったら、もぬけの殻になっていた。」2018年1月8日（成人の日）、横浜市、八王子市（東京都）で発生した、「はれのひ」成人式振袖詐欺事件。輝かしい思い出の一日となるはずだったその朝、新成人を突然襲ったトラブル。全国ニュースとして報じられました。18歳成年法案の国会審議がまもなく始まろうとするその年の成人式に、19歳、20歳の若者がかくも痛切に社会の非情さを味わわなければならなかったとは、何とも理不尽なことです。

この事件で、「これはちょっと、制度の見直しが必要だな。」と感じたことがあります。それは、事件当日、新成人たちが、着付け会場近くの「交番」にその被害を訴え出たことに関連します。着付け会場のすぐそばに交番が偶然あったこともありますが、いざという時の消費者被害の相談窓口（連絡先）がまったく周知されておらず、結果として「困ったときの警察頼み」になってしまったのでしょう。消費者ホットライン「188」を知っていた新成人は皆無ではなかったでしょうか。実は、私も事件後まで知りませんでした。ちなみに、「188」というのは「いや（嫌）や」の語呂合わせです。

第2章で、未成年者を保護する施策について触れましたが、今後このような事件が発生したとしても、すぐに相談に応じられる態勢を作っておく必要があります。

資料編

【資料1】
民法の一部を改正する法律案要綱

【資料2】
消費者契約法の一部を改正する法律要綱

【資料3】
成年年齢に関する提言

【資料4】
成年年齢引き下げに
関する提言

【資料1】民法の一部を改正する法律案要綱

平成30年3月13日
内閣提出

第一　成年
年齢18歳をもって、成年とするものとすること。

第二　婚姻適齢
一　婚姻は、18歳にならなければ、することができないものとすること。
二　民法第737条を削除するものとすること。
三　民法第753条を削除するものとすること。

第三　養親となる者の年齢
一　20歳に達した者は、養子をすることができるものとすること。
二　第792条の規定に違反した縁組について、養親が、20歳に達した後6か月を経過し、又は追認をしたときは、養親又はその法定代理人から、その取消しを家庭裁判所に請求することができないものとすること。

第四　その他

その他所要の規定を整備するものとすること。

第五　附則

一　施行期日等

1　この法律は、原則として、平成34年4月1日から施行するものとすること。

2　この法律の施行に伴う所要の経過措置について定めるものとすること。

二　関係法律の整備

この法律の施行に伴い、未成年者喫煙禁止法等の関係法律の規定を整備すること。

【資料2】消費者契約法の一部を改正する法律要綱

平成30年6月15日

消費者庁

消費者契約に関する消費者と事業者との交渉力等の格差に鑑み、消費者の利益の擁護を図るため、事業者の行為により消費者が困惑した場合について契約の申込み又はその承諾の意思表示を取り消すことができる類型を追加する等の措置を講ずることとするため、消費者契約法の一部を次のように改正することとする。

第一　事業者の努力義務に関する改正

一　第3条第1項の規定（事業者の努力）において、事業者は、消費者契約の内容が、その解釈について疑義が生じない明確なもので、かつ、消費者にとって平易なものとなるよう配慮するよう努めなければならないものとすること。

二　第3条第1項の規定（事業者の努力）において、事業者は、物品、権利、役務その他の消費者契約の目的となるものの性質に応じ、個々の消費者の知識及び経験を考慮した上で、消費者契約の内容についての必要な情報を提供するよう努めなければならないものとすること。

第二　不利益事実の不告知に係る要件の改正

第4条第2項の規定（不利益事実の不告知）において、故意に告げなかったこととされている要件を、故意又は重大な過失によって告げなかったこととすること。

第三　困惑類型の追加

第4条第3項の規定において掲げる行為（当該行為によって消費者が困惑して意思表示をしたときは取消しが認められることとなる行為）として、次に掲げる行為を追加するものとすること。

一　当該消費者が、社会生活上の経験が乏しいことから、社会生活上の重要な事項又は身体の特徴若しくは状況に関する重要な事項に対する願望の実現に過大な不安を抱いていることを知りながら、その不安をあおり、正当な理由がある場合でないのに、物品、権利、役務その他の当該消費者契約の目的となるものが当該願望を実現するために必要である旨を告げること。

二　当該消費者が、社会生活上の経験が乏しいことから、当該消費者契約の締結について勧誘を行う者に対して恋愛感情その他の好意の感情を抱き、かつ、当該勧誘を行う者も当該消費者に対して同様の感情を抱いているものと誤信していることを知りながら、これに乗じ、当該消費者契約を締結しなければ当該勧誘を行う者との関係が破綻することになる旨を告げること。

三　当該消費者が、加齢又は心身の故障によりその判断力が著しく低下していることから、生計、健康その他の事項に関しその現在の生活の維持に過大な不安を抱いていることを知りながら、その不安をあおり、裏付けとなる合理的な根拠がある場合その他の正当な理由がある場合でないのに、当該消費者契約を締結しなければその現在の生活の維持が困難となる旨を告げること。

四　当該消費者に対し、霊感その他の合理的に実証することが困難な特別な能力による知見として、そのままでは当該消費者に重大な不利益を与える事態が生ずる旨を示してその不安をあおり、当該消費者契約を締結することにより確実にその重大な不利益を回避することができる旨を告げること。

五　当該消費者が消費者契約の申込み又はその承諾の意思表示をする前に、当該消費者契約により負うこととなる義務の内容の全部又は一部を実施し、その実施前の原状の回復を著しく困難にすること。

六　五を除くほか、当該消費者が消費者契約の申込み又はその承諾の意思表示をする前に、当該事業者が当該消費者契約の締結を目指した事業活動を実施した場合において、正当な理由がある場合でないのに、当該事業活動が当該消費者のために特に実施したものである旨及び当該事業活動の実施により生じた損失の補償を請求する旨を告げること。

第四　無効とする消費者契約の条項の類型の追加

一　第8条の規定において、無効とする条項（事業者の損害賠償責任を免除する条項）に、事業者にその責任の有無及び責任の限度を決定する権限を付与する条項を追加するものとすること。

二　第8条の2の規定において、無効とする条項（消費者の解除権を放棄させる条項）に、事業者に解除権の有無を決定する権限を付与する条項を追加するものとすること。

三　無効とする消費者契約の条項として、事業者に対し、消費者が後見開始、保佐開始又は補助開始の審判を受けたことのみを理由とする解除権を付与する消費者契約（消費者が事業者に対し物品、権利、役務その他の消費者契約の目的となるものを提供することとされているものを除く。）の条項を追加するものとすること。

第五　附則

一　この法律は、公布の日から起算して1年を経過した日から施行するものとすること。

二　この法律の施行に関し、所要の経過措置を定めるとともに、関係法律について所要の改正を行うこと。

【資料3】成年年齢に関する提言

平成27年9月17日
自由民主党政務調査会

国民投票の投票権を有する者の年齢及び選挙権を有する者の年齢が満18歳以上とされたことを踏まえ、新たに大人となる年齢層を含めた我が国の国家像等を勘案しつつ、民法、少年法その他の法律の規定における成年年齢の在り方について、下記のとおり提言する。

1．民法（民法の成年概念を用いる法律を含む。）について
民法の成年年齢については、できる限り速やかに20歳から18歳に引き下げる法制上の措置を講じる。

ただし、法制審議会の答申（平成21年）にあるとおり、「若年者の自立を促すような施策や消費者被害の拡大のおそれ等の問題点の解決に資する施策が実現さ

れる」ことが必要であるから、現状の消費者教育等の施策を引き続き実施するとともに、国民への周知が徹底されるよう、その施行時期については、必要十分な周知期間が設けられるよう配慮する。

2．満20歳以上（未満）を要件とする法律についての基本的な考え方

国民投票の投票年齢及び公職選挙法の選挙年齢が一致して18歳以上の国民に参政権としての投票権（選挙権）を付与したことと併せて民法の成年年齢が18歳となることを前提とした場合、我が国においては18歳をもって「大人」として扱うこととなり、大人と子供の範囲を画する年齢は、それまで20歳であったものが18歳となる。

このことは、18歳以上の国民が、現在及び将来の国つくりの担い手であることを意味し、大人としてその責任を分担し、大人としての権利、自由も付与されることとなる。社会的にも国民意識においても「大人」は18歳からと移り変わる。

法は、社会規範として、分かりやすく社会活動の指針となることが求められることから、大人と子供の分水嶺を示す各種法令には国法上の統一性が必要である。

併せて、我が国の将来を支えるのは18歳からの若者であり、将来の我が国を活力あるものとし、その決意を力強く示すためにも、満20歳以上（未満）を要件とする法律においては、その年齢要件を原則として18歳以上（未満）とすべきである。

3．満20歳以上（未満）を要件とする法律について

（1）少年法について

民法を始めとする各種法律において、我が国における「大人」と「子供」の範囲を画する基準となる年齢が満18歳に引き上げられることを踏まえ、国法上の統一性や分かりやすさといった観点から、少年法の適用対象年齢についても、満18歳未満に引き下げるのが適当であると考える。

他方で、罪を犯した者の社会復帰や再犯防止といった刑事政策的観点からは、満18歳以上満20歳未満の者に対する少年法の保護処分の果たしている機能にはなお大きなものがあることから、この年齢層を含む若年者のうち要保護性が認められる者に対しては保護処分に相当する措置の適用ができるような制度の在り方を検討すべきであると考える。

そこで、法務省においては、これら本委員会の考えを真摯に受け止め、若年者(その範囲を含む。)に関する刑事政策の在り方について全般的に見直すことも視野に入れて、刑事政策上必要な措置を講ずるための法制的検討を行うこと。

(2)諸法令について

(3)又は以下に掲げる法律(条項)を除き、満20歳以上(未満)とされている要件は、満18歳以上(未満)に引き下げる。

①養親になれる年齢

②猟銃の所持、銃を使用する狩猟免許

③暴力団員による加入強要の禁止対象年齢

④国民年金の支払義務

⑤船舶職員及び小型船舶操縦者法(船長及び機関長の年齢)

⑥児童福祉法に定める児童自立生活援助事業における対象年齢

⑦特別児童扶養手当等の支給に関する法律の対象年齢

⑧道路交通法上の中型免許及び大型免許等

なお、公職選挙法等の一部を改正する法律において、「当分の間」の措置として

20歳以上を維持することとされた検察審査員、裁判員、民生委員及び人権擁護委員となる資格年齢については、少年法の適用対象年齢又は民法の成年年齢を踏まえたものとすること。

（3）税制関連について

以下に掲げる法律（条項）は、民法上の「成年」を引用したり、民法上の成年年齢を前提とした制度であるが、税制に関する事項であるため、我が党の税制調査会における検討に委ねる必要がある。

①国税徴収法及び国税犯則取締法の捜索立会人
②関税法の臨検の立会人
③税理士法の税理士の欠格事由
④酒税法の酒の製造免許等の付与条件
⑤相続税法の20歳未満の者に係る控除制度等
⑥租税特別措置法の直系尊属から住宅所得等資金の贈与を受けた場合の贈与税の非課税年齢
⑦東日本大震災の被災者等に係る国税関係法律の臨時特例に関する法律の被

災者が住宅所得等資金の贈与を受けた場合の贈与税の非課税年齢

⑧その他税制関連事項

4．社会的に関心の高い事項について

20歳未満の者の飲酒、喫煙を禁止している未成年者飲酒禁止法及び未成年者喫煙禁止法について、成年年齢の引き下げに伴い禁止年齢を18歳未満とするか否かについては、賛否にわたり様々な意見が認められた。

生物学的な発達に応じた医学的影響を勘案し、健康被害を防止する必要があること、非行防止の観点からは飲酒、喫煙が非行の引き金となる側面があること等の理由から、成年年齢が引き下げられても現行の禁止年齢を維持するべきとの意見があった。

他方、現行法においても飲酒、喫煙は未成年者に制約を課し、大人は自制する判断力ある者として自らの責任において摂取等が法律上許容されていること、現在でも一定の免許取得等が法令上許容されていても校則で制限する等の生徒指導による対応を前提として、成年年齢の引き下げに応じて禁止年齢を18歳未満に引き下げるべきとの意見があった。

本委員会としては、これら意見や諸外国の状況を踏まえ、飲酒、喫煙に関する禁止年齢を18歳未満に引き下げるべきかどうか、引き続き社会的なコンセンサスが得られるよう国民にも広く意見を聞きつつ、医学的見地や社会的影響について慎重な検討を加え、実施時期も含め民法改正時までに結論を得るものとする。併せて、公営競技が禁止される年齢についても同様とする。

被選挙権を有する者の年齢については、引き続き検討を行うものとする。

5. 周知期間等の必要性について

本委員会における検討に基づき、必要な法制上の措置を講じることとなるが、民法(民法の成年概念を用いる法律を含む。)については、社会的影響の大きさや、教育面の対応、施行までの準備作業に要する期間などを踏まえ、少なくとも3年程度の周知期間とともに、必要な経過措置を設ける。

また、その他の法律についても、民法に準じた周知期間及び経過措置を設ける。

以上

【資料4】成年年齢引き下げに関する提言

平成29年11月29日

自由民主党政務調査会 若年成人の教育・育成に関する特命委員会

はじめに

昨年の選挙権年齢の引き下げ実施に伴い、成年年齢を同様に引き下げる民法改正案が、間もなく国会に提出されようとしている。これは「大人」の年齢を引き下げるという、戦後初めての画期的で困難を伴う作業である。

当特命委員会としては、我が国の将来に関わるこの重要な政策変更を、混乱なく施行・定着させることにより、我が国の若者が立派な社会の構成員として自立し、日本社会の活力の源泉となるよう、制度面や教育現場について以下の項目を提言する。

1．若年成人の定義

既に選挙権を獲得し、間もなく「大人」としての扱いが始まる満18歳から、4年制大学を卒業する、概ね22、3歳までを「若年成人」とする。当然ながら、高校進学や大学等への進学をしない、同年代の若年者も対象とする。

なお対象年齢については、具体的な施策や対応の違いに応じて、柔軟に年齢幅を設定することが望ましい。

2．若年成人に対する施策の重要性
人口減少、とりわけ若者の人口が減少する我が国において、「若年成人」と呼ばれる年齢層の若者が、これからの国づくりの重要な担い手として、さらに現在の主権者としてきちんとその役割を果たし、「かしこい消費者」として経済の担い手になってもらうことは、我が国が将来にわたって、その活力を維持するために極めて重要である。

そのためにも、この年齢層の若者が、それ以下の年齢の者が一方的に社会全体から保護の対象とされるのとは異なり、「大人」として権利と自由を与えられ、責任を負担することをきちんと自覚することを前提とした上で、進化する情報通信環境にも適切に対応しつつ、回復不能な経済的ダメージを受けず、自立して社会活動や経済活動を行えるよう、適時、適切な主権者教育や消費者教育の実施により、その能力を養わなければならない。

同時に、消費者契約法における取消権行使が可能となる条件を追加し、結果として若年成人の不安心理や関係の継続願望につけ込んだ悪徳商法から彼らを守るべきである。なおその際、保護の程度が行き過ぎる場合は、かえって若者の自立を阻害し兼ねず、成年年齢引き下げの趣旨に沿わないことに留意しなければならない。

3．主権者教育の推進

選挙権年齢の満18歳への引き下げにより、高校3年生の途中で選挙権が付与される。そのため小中学校における社会科教育の充実は言うまでもないが、とりわけ高校における主権者教育の推進が不可欠である。ただし従来の知識中心の「公民科」ではなく、次期学習指導要領の改訂において、グループ学習やディベートなどを駆使した教科「公共」を新設すべきである。

また弁護士会、税理士会、社労士会など学校外部機関との連携により、遵法意識や納税者意識を高めたり、過労死の防止など雇用問題への適切な対応を学ばせたりする機会を確保すべきである。

4．消費者教育の充実

小中学校での消費者教育を充実するため、アクティブラーニングなどで実践的な知識の習得を目指す。また、育成を推進している消費者教育コーディネータなども活用し、弁護士や司法書士、消費生活相談員など、外部講師を積極的に学校に招いて、消費者トラブルの実態を周知させるべきである。

教員養成や現職教員研修、教員免許更新講習においては、消費者教育の指導プログラムを積極的に取り入れ、必修化を目指すべきである。

大学や専門学校、あるいは地域社会の若年成人に対しては、出前講座や消費生活センターの活用、消費者ホットライン１８８の普及活用により、消費者トラブルの未然防止に役立てるべきである。

5. 事業者の自主的な取り組み

経団連傘下の各企業のみならず、中小企業も含め「消費者志向経営」を推進して、消費者ファーストの意識を高める必要がある。

また、新聞協会や訪問販売協会などでは「自主行動基準」により、高齢者・弱者対策(若年成人を含む)を推進することを求める。

6. 適切な消費者契約法の改正

消費者が合理的な判断をすることができない事情を利用して契約を締結させる、いわゆる「つけこみ型勧誘」の類型を、消費者契約法における取消権の対象に追加する。

その際は不安を煽る行為や断りきれない人間関係を濫用する行為など、事業者が積極的、能動的に状況を作出または増幅するようなケースを対象とすべきである。

なお今次消費者委員会答申の付言にある「高齢者・若年成人・障害者等の知識・経験・判断力の不足を不当に利用し、過大な不利益をもたらす契約の勧誘が行われた場合における消費者の取消権」については、適用範囲の明確化などが課題として指摘されるところであり、さらに検討を進めていくべきである。

以上

■著者紹介

南部《なんぶ》　義典《よしのり》　国民投票総研 代表

1971年岐阜県生まれ。衆議院議員政策担当秘書、慶應義塾大学大学院法学研究科講師（非常勤）等を経て、2020年より現職。専門は国民投票法制、国会法制、立法過程。

○単著

『改訂新版 超早わかり国民投票法入門』（C&R研究所、2021年）

『図解 超早わかり 18歳成人と法律』（C&R研究所、2019年）

『図解 超早わかり 国民投票法入門』（C&R研究所、2017年）

『Q&A解説 憲法改正国民投票法』（現代人文社、2007年）

○共著

『9条改正論でいま考えておくべきこと
（別冊法学セミナー No.255）』（日本評論社、2018年）

『広告が憲法を殺す日 ―国民投票とプロパガンダCM―』
（集英社新書、2018年）

『18歳成人社会ハンドブック ―制度改革と教育の課題―』
（明石書店、2018年）

『18歳選挙権と市民教育ハンドブック（補訂版）』
（開発教育協会、2017年）

『動態的憲法研究』（PHPパブリッシング、2013年）

○ポータルサイト　https://nambu2116.officialblog.jp/

編集担当：西方洋一 / カバーデザイン：秋田勘助（オフィス・エドモント）

［図解］超早わかり 18歳成人と法律

2019年2月1日　第1刷発行
2022年6月15日　第3刷発行

著　者　南部義典
発行者　池田武人
発行所　株式会社　シーアンドアール研究所
新潟県新潟市北区西名目所4083-6（〒950-3122）
電話　025-259-4293　FAX　025-258-2801
印刷所　株式会社　ルナテック

ISBN978-4-86354-264-8 C2032